중국의 한국 유학생들

차례
Contents

일러두기 · 중국인 저자 왕링원이 에피소드 형식으로 글을 쓰고, 공동 저자 장범성이 한 글로 옮긴 후 각 에피소드마다 팁을 달아 보충하는 형식으로 쓴 글이다.

들어가며

　국제화 추세에 따라 이제는 외국 여행이나 유학 또는 외국 취업이 과거와는 달리 그리 어려운 일은 아니다. 그래서 너도나도 다변화를 꿈꾸며 해외로 진출하는 추세다. 그런데 어떤 목적이든 외국에 나가 그 나라의 문물을 접할 때 아주 평범하고 간단하게 보이는 일도 사실 그리 쉽지 않다. 생활 방식이 다르고 문화와 사회적 배경이 달라 상호 간의 이해 차이에서 오는 문화충돌 현상이 있기 때문이다. 그런 까닭에 외국으로 나가는 유학생이 차츰 많아지는 오늘날, 특히 중국 유학을 준비하는 학생들에게 중국의 대학 운영 시스템과 유학 생활 정보를 알려 그에 대비하고 가자는 취지로 이 글을 쓴다. 그 나라의 문화와 규칙을 받아들이는 데 조금이나마 도움이 되었으면 하는 바람이다. 중국에서 한국어를 전공하고 한국에 유학 와서 중문학 석사를 취득한 후 현재는 한국을 오가며 박사과정을 수료 중인 중국인 왕링윈(王凌云)과 공동으로 집필했다. 왕링윈은 현재 중국 옌타이대학(烟台大學) 국제처 유학생 담당 부서에서 근무하고 있으며 20여 년간 교류해온 제자다. 왕링윈이 16년여 동안 유학생을 안내하고 관리하면서 겪었던 외국 학생들, 특히 한국 학생들과 함께하면서 보고 느꼈던 여러 가지 경험과 실제 사례를 에피소드 형식으로 전개한 글이다. 한국 학생들이 중국에서 겪는 문화적 갈등과 중국 문화 이해 부족으로 발생하는 다양한 사건들을 통해 한·중 간의 문화 상대성을 이해시키고 알찬 유학 생활을 이끌어보자는 취지도 담겨 있다. 한국 유학생들의 소개된 일상을 보면 학습에 대한 그들의 열정적인 모습도 보이지만, 유학 생활 태도에서 개선할 점도 많이 나타난다. 이런 까닭에 나의 중국 유학 경험도 밑받침이 되었지만 십수 년 동안 제자들을 교환학생으로 보내면서 쌓인 노하우와 지침을 보탰으니, 한국 학생들이 중국으로 유학을 떠나기 전에 중국을 좀 더 이해하고 가는 데 도움이 되었으면 한다.

한국 유학생들의 냉정과 열정 사이

한국 학생들의 기사도 정신

우리 대학 유학생 담당 부서에서는 매 학기 중국에 입국하는 외국 학생들을 맞이하기 위해 공항에 차를 보낸다. 대부분 우리 대학으로 처음 유학 오는 학생들이라 생활 짐이 많다. 그래서 이들을 맞이하는 차량의 짐 싣는 공간이 충분히 커야 한다. 유럽이나 미국에서 오는 학생들은 일반적으로 한 명당 짐 하나가 보통이다. 이외에는 등에 짊어지는 배낭 정도다. 일본 학생들은 항공회사 규정에 맞춰 중량을 초과하지 않을 만큼인 캐리어 가방 하나와 배낭을 짊어지고,

손가방도 하나 더 들고 온다. 이곳 산둥성의 옌타이는 한국으로 운항하는 비행기 편수가 많은데 어떤 항공회사에서는 짐 2개에 무게는 20킬로그램으로 제한하고 있다. 이외에 일정한 크기 이내의 짐은 휴대해서 기내에 가지고 들어갈 수 있다.

한국 비행장에는 공항 리무진 버스를 탈 때 짐을 실어주는 사람이 배치되어 있어서 매우 편리하다. 하지만 중국 비행장에는 이러한 서비스가 거의 없다. 그뿐만 아니라 학생들을 맞이하러 가는 버스도 대부분 학교가 버스 운행회사에서 빌린 차량이어서 학생들의 짐 싣는 것을 도와주는 여부는 전적으로 버스 기사 재량에 달렸다. 그렇기 때문에 유학생 담당 부서에서는 매 학기마다 신입생을 맞이하러 나가고 그들의 온갖 짐을 함께 싣고 와야 한다. 학교에 도착해서는 다시 짐을 내려주는 등의 일이 보통 힘든 것이 아니다.

신입생들이 입국 수속을 마치고 공항 출구로 나오면 영접하는 사람들과 만나게 된다. 이때 한국 학생들은 서로가 금방 알아보고 친해지는 편이다. 만약 한국의 같은 학교에서 온 학생이라면 남학생들은 더 적극적이고 주동적으로 여학생들을 도와준다. 군대 갔다 온 학생들은 특히 더욱더 그러한 편이다. 설사 처음에는 그다지 적극적이지 않더라도 공항에 같이 나간 인솔자의 말 한마디나 손동작 하나로 남학생들은 모르는 학생이라도 도착한 학생들을 도와서 열심히 짐을 실어준다.

일본에서 온 학생들을 처음으로 내가 공항에서 픽업할 때는 매우 놀랐다. 같은 학교에서 온 학생들이라면 서로가 잘 아는 사이일 것이다. 그런데도 짐을 실을 때 남학생은 남학생 것만 도와주고 여학생은 여학생 것만 도와줬다. 일본 학생들은 한국 학생들에 비해 캐리어 가방을 통상 하나만 들고 오는데 꽤 크고 무거운 편이다. 나는 농촌에서 자라 힘이 그런대로 약하지 않은 편인데도 그 무거운 짐을 도와주기가 벅찼다. 힘이 약한 여학생이 짐 가방을 버스 짐칸에 넣으려면 상당한 힘이 필요하다. 만약 한국 여학생이라면 아는 사이건 모르는 사이건 남학생에게 자연스럽게 도와달라고 요청한다. 그리고 상대방도 이를 거절하지 않는다. 하지만 일본 여학생은 다른 사람에게 도움을 요청하지도 않고, 남학생도 자기가 먼저 여학생을 도와주지도 않는다. 인솔자가 지시하면 그제야 도움을 준다.

학교에 도착해서 기숙사 입실 등록을 할 때까지 모든 것이 일상대로 문제없이 진행되었다. 그런데 교재를 구입할 때 다시 한 번 놀랐다. 교재 가격은 182위안으로 끝자리 숫자가 자투리 가격이었다. 한 무리의 한국 학생이 교재를 구입하기 위해 왔다. 모두 중국에 온 지 얼마 안 돼서 잔돈을 미처 준비하지 못한 상태였다. 학생 몇몇이 교재를 판매하는 직원에게 190위안을 냈다. 직원은 8위안 씩을 돌려줄 잔돈이 없다며 짜증을 냈다. 학교가 학생들의 편의를 위해서 가까운 곳에서 책을 구입할 수 있도록 배려한 것이지만 학교 측도 미처 잔돈을 준비해놓지 못했기 때문이다. 직원은 "학생 여러분이 스스로 좀 도와줘야겠습니다"라고 요청했다. 함께 온 한국 학생들은 서로 잔돈을 빌리거나 빌려주는 등 자투리 돈 2위안 때문에 벌어지는 번거롭고 짜증스러운 일은 더 이상 일어나지 않았다.

이어서 또 한 무리의 일본 학생이 왔다. 마찬가지로 182위안을 딱 맞게 준비한 학생은 거의 없었다. 직원은 막 8위안을 거슬러간 학생에게 "학생에게 8위안 거슬러줬으니 잔돈 문제는 여러분들 스스로 알아서 해요"라고 말했다. 그런데 그 학생은 들은 척도 하지 않았다. 뒤에 있던 학생도 역시 190위안을 준비했다. 직원은 "다른 학생에게 2위안을 빌려서 내요. 지금 잔돈이 없으니까"라고 말했다. 하지만 그 학생도 돈을 빌리려는 시도를 하지 않았다. 할 수 없이 학생들을 인솔한 선생님과 내가 각각 잔돈을 털어 모으고 사무실 동료한테도 빌리고 해서 겨우 난국을 해결했다.

한중일 삼국 문화비교에 대해 종종 들은 적이 있었지만 내 자신이 직접 체험해보니 아주 자그마한 일에서도 이렇게 차이가 날 줄은 정말 몰랐다.

기왕이면 한 턱 크게

1992년에 한국과 중국은 수교했다. 수교한 지 5년 후 나는 한국어를 배우기 시작했다. 당시 한국과 중국의 교류는 지금처럼 활발하지 않았으며, 당시 내가 배웠던 한국어 교재는 중국 조선족 학교의 교과서가 전부였던 것으로 기억한다.

대학에 입학하고 대략 한 학기가 지나서야 중국 몇몇 대학교의 한국어과 교수들이 공동으로 편찬한 중국 최초의 통일된 한국어 교재가 출판되었다. 그만큼 당시 두 나라의 관계는 매우 서먹하고 낯설었다.

당시 내가 다니던 학교의 외국어 전공 학과생은 매주 지정된 시간에 고정 모임이 있었는데, 이 모임의 학생은 반드시 자신의 전공인 해당 외국어로 대화를 해야 했다. 당시 우리는 이 모임을 '외국어 살롱(salong)'이라 불렀다. 한번은 이 모임에 초대된 한국 학생 몇 명을 만날 기회가 있었다. 두근거리는 마음을 가득 안고 그동안 열심히 외웠던 한국말로 자기소개를 했다. 상대방 여학생도 더듬거리는 중국어로 이에 응수했다. 당시 두 나라 젊은이들 사이의 분위기는 서로

서먹하면서도 열정이 가득 찼었다. 나는 그 모임 이후 매주 그 여학생이 묵고 있는 기숙사에 방문하기로 했다. 각자의 모국어를 서로에게 가르쳐 주기로 약속했기 때문이다. 당시 통신 방법은 삐삐였는데, 삐삐가 없던 나는 그녀의 방 번호를 머릿속에 외우고 다시 만나기로 약속했다.

외국 학생들이 중국 대학에서 공부하게 되면 일반적으로 외국인을 위한 기숙사에서 생활한다. 중국 대학은 한국과 달리 대학생 모두가 대학교 기숙사에 거주한다. 한국은 기숙사에서 모든 학생을 수용할 수 없을 뿐만 아니라, 학생 개인 사정에 따라 집에서 다니기도 하고 학교가 먼 경우 학교 근처에 따로 방을 구해서 살기도 한다고 들었다.

중국 대학에서는 외국 학생은 정해진 기간 내에 신청하기만 하면 외국인 기숙사에서 편리하게 생활할 수 있다. 외국인 기숙사에서는 여러 나라 학생과 접촉할 기회가 많은데, 만약 중국 학생이 이 기숙사에 출입하려면 신분증을 제시하고 출입자 명단에 자신의 이름과 출입 시간을 등록해야 한다.

나는 학생증을 지참하고 외국인 기숙사에 등록한 다음 그 한국 여학생을 방문하기 시작했다. 이렇게 몇 주가 지나면서 점차로 그 여학생과 친숙해졌으며 그의 또 다른 한국 친구들도 알게 됐다. 어떤 때는 그들도 우리한테 건너와서 함께 공부하기도 했다. 함께 공부하는 사람도 많아지고 자연스레 함께하는 시간도 길어져 식사 시간을 놓치는 경우도 꽤 있었다. 나중에는 학습 모임에 참가한 학생들이 미안해서인지 밥을 사겠다고 했다. 달리 생각할 필요도 없이 모두 동의했다.

함께 식사하기로 약속한 시간이 되어 학교 정문 앞으로 나갔다. 나와 함께 학습하는 여학생, 밥을 사겠다고 한 남학생 그리고 그의 또 다른 한국 친구들, 여기에 또 다른 스터디 팀(study team)도 합류했다. 우리는 택시를 타고 출발했다. 당시 나는 '무슨 대단한 일을 한 것도 아니고 그저 함께 모여서 공부한 것뿐인데 그냥 학교 주변에서 식사하면 되지 구태여 택시까지 타고 갈 필요가 있나?'라는 생각이 들었다.

20분 정도 달려서 택시는 진하이완 호텔(金海湾大酒店) 입구에 도착했다. 이 호텔은 바닷가에 위치해 있는데 호텔의 절반은 산기슭에, 절반은 바닷가에 걸쳐 있고 내부 시설은 매우 화려하고 장중했다. 내가 알기로는 당시 옌타이에서 첫째 둘째가는 고급 호텔이었다. 2016년 현재 이 호텔은 여전히 이 지역에서 상당한 고급 수준의 호텔이며 식사비와 투숙비가 만만치 않다. '설마 여기서 식사하는 건 아니겠지'라는 의문이 들었는데 일행은 정말로 호텔 안으로 들어가는 것이었다.

"우린 전부 학생이고 이렇게 크게 돈을 쓸 필요는 없는데……."

나와 또 다른 중국 친구는 다소 미안하고 불안한 마음으로 말했다.

"평상시 너희들이 많이 도와주니 고마워서 그래. 우리 처음으로 같이 식사하는 거잖아"

한국 학생은 매우 당연하다는 듯이 기분 좋게 답했다. 당시 나도 그랬고 한국 학생들도 마찬가지로 외국어 표현능력이 부족했지만 서로 간의 언어는 중요하지 않았다. 비록 산해진미는 아니었지만, 그날 우리는 식사를 즐기며 함께 훈훈한 시간을 보냈다. 그때 그 한국 학생들의 정중함과 인정미는 나에게 깊은 인상으로 남았다.

★★★

TIP

사실 위의 경험은 공동 저자인 왕링원 씨에게는 상당히 커다란 충격이기도 했을 것이다. 왜냐하면 왕링원 씨가 대학을 다닐 1990년대 당시 중국 대중들의 경제 여건은 그리 좋은 시절이 아니었다. 학생들은 단 돈 몇 위안 가지고 하루 생활을 꾸려나가던 시절이었다. 그때 한국과 중국의 물가 차이는 엄청났었다. 중국 돈 100위안(당시 한국 돈 1만 5,000원쯤)을 들고 나가면 하루가 너무너무 든든하고 풍성했던 기억이 지금도 생생하다.

당시 한국 학생의 주머니 사정은 상대적으로 중국 학생에 비해 상당히 여유가 있었다. 중국 호텔에서 몇 사람이 식사할 수 있는 100위안 남짓한 돈은 학생 신분이라 할지라도 한국 학생 입장에서는 생활에 영향을 줄 정도의 큰 부담은 아니었다. 하지만 중국 학생의 입장에서는 너무 큰 금액이라 할 수 있다. 1~2위안이면 한 끼가 해결되던 시기였으니까.

당시 호텔로의 초대는 상대방 수고에 대한 고마움을 어떻게 해서든지 최대한 표시하려고 했던 노력이었을 것이다. 왕링윈 씨가 그들의 따뜻한 인정을 긍정적으로 받아들였던 점은 다행이다. 하지만 마음 한구석에서는 상당한 부담도 느꼈을 것 같다.

사실 한국과 중국 교류 초기에 일부 못난 한국인이 경제적으로 우월하다 하여 돈으로써 중국인을 무시하던 추태가 상당히 있었기 때문이다. 상대방이 한국어를 알아듣지 못한다고 막말로 얕잡아보고 멸시하던 광경을 여러 번 보기도 했었다. 오늘날 중국의 경제 여건은 과거와는 판이하게 다르다. 이제는 이미 세계적으로 G2 경제 강국의 대열에 들어섰으며 신흥 부자의 절대 수도 한국의 인구보다 많을 것이다. 그렇다고 오늘날 중국인 개개인의 경제 사정이 중국의 경제발전과 함께 모두 풍부해진 것은 아니다. 자신의 주머니 사정이 두둑하다고 하여 중국인을 대할 때 아무리 선의의 친절이나 인심이라 할지라도 상대방에게 너무 과도한 부담을 주는 접근은 별로 바람직하지 않다.

★★★

자습은 어디서 하나요?

학기가 시작된 지 얼마 안 된 어느 날, 사무실에 한국 학생 몇 명이 찾아왔다. 다소 다급해하는 모습이었다. 보아하니 막 입학한 학생들 같았다.

"무슨 문제가 있어요? 도움이 필요한가요?"

"선생님, 우리 어디서 공부해요?"

"수업 시간표에 어디서 수업하는지 다 적혀있으니까 그 교실에 가서 수업하면 됩니다."

"아니 그것이 아니라, 수업이 끝나면 우리 어디에 가서 공부해요?"

'정말로 열심인 학생이구나'라고 생각하며 물었다.

"수업이 끝나고 자습하려면 어디로 가야하는지를 묻는 건가요?"

"맞아요, 그렇습니다."

학생들이 고개를 끄덕였다. 이제야 나는 학생들의 문제를 파악할 수 있었다.

중국의 고등교육은 최근 비약적인 발전을 하고 있다. 이러한 과정에서 중국 대학의 규모와 교육 수준도 크게 업그레이드되고 있다. 하지만 동시에 더욱더 치열해지는 경쟁의

식과 취업에 대한 스트레스로 인해 학생들도 그만큼 힘든 시간을 보내고 있다. 스스로 엄청난 노력과 시간을 투자해야 자기 성취가 이루어지기 때문이다. 앞서 말했듯이 중국 대학생은 모두 대학 내 기숙사에서 살고 있다. 기숙사는 정해진 시간에 문을 열고 닫으며, 전등을 켜고 끄는 것도 모두 일정한 시간에 행해진다. 그래서 중국 학생들은 일반적으로 일찍 자고 일찍 일어나는 것에 습관이 돼 있다. 한국 학생을 비롯한 모든 외국 학생은 그들을 위한 별도의 유학생 기숙사에서 생활한다. 이곳 유학생 기숙사는 중국 학생 기숙사와는 완전히 다른 별도의 세계라 할 수 있다. 시간에 맞추어 소등하는 것도 없고 중국에서 가끔 벌어지는 단전도 거의 없다. 한국 학생들은 일반적으로 늦게 자고 늦게 일어나는 편이다. 그래서 한국 학생들이 낮에 도서관에 가서 공부하려면 열람실에는 이미 자리가 없을 개연성이 크다. 저녁 일과가 끝나고 정해진 시간에 일찍 소등되는 기숙사에 살고 있는 중국 학생들이 이미 아침부터 일찌감치 자리를 잡고 공부하고 있기 때문이다.

하지만 도서관 이외에도 학생들이 따로 공부할 수 있는 공간이 있다. 일반적으로 중국 대학에는 상당히 큰 교실을 할당해 자습실로 사용하도록 한다. 통상 강의동 입구에는 커다란 전광판이 있어서 수업이 없는 교실은 자습실로 표시돼 있다. 자습실은 글자 그대로 학생들이 자유롭게 들어가서 공부할 수 있는 공간이다. 단지 이러한 시스템이 한국 학생들에게는 낯설기도 하고 한국 학생들이 그리 좋아하는 스타일은 아닌 것 같다. 책가방을 둘러메고 강의동 이리저리 자습실을 찾아다닌다는 것이 막 입학한 한국 학생들에게는 적응하기 힘든 일일 것이다. 유학생 기숙사는 대부분 두 사람이 함께 쓰는데 방안에는 책상 등 기본 가구가 갖춰져 있으니 그 안에서도 얼마든지 공부할 수 있다. 그럼에도 이들은 기숙사 안에서 공부하는 것이 익숙하지 않은지, 아니면 공부는 도서관이나 학습실에서 하는 것이 더 효과적이라고 생각했는지도 모르겠다.

"유학생 수업 대부분은 이 강의동 건물 안에서 진행되니까 수업이 끝나면 여러분들은 강의동 안에 있는 교실에서 자유롭게 공부하면 됩니다."

교실 위치를 묻는 한국 학생에게 이렇게 대답하고,

"물론 여러분이 다 함께 같은 교실에서 공부해도 좋고요"
라는 보충 설명까지 해줬다.

"교실 안에서요? 도서실도 아니고 수업하는 교실에서요?"

몇몇 학생이 의아하다는 듯 되물었다.

"혹시 학교 교문 앞에 커피 전문점이 있나요?"

또 다른 학생이 물었다.

"있습니다. 정문 앞에 스타벅스가 있고, 또 그 안 골목으로 계속 들어가면 한국인이 운영하는 커피 전문점도 있어요. 스페이스도 널찍하고 노천 카페도 돼요."

이 말을 들은 학생들은 신이 나서 돌아갔다. 보아하니 한국의 젊은이들은 교실에서 공부하는 것보다 커피 전문점에서 책을 보는 것을 더 좋아하는 것 같았다.

TIP ★★★

한국에서는 최근 커피 전문점에서 커피 한 잔을 시켜놓고 독서를 하거나 휴대폰을 열심히 들여다보는 사람들을 흔하게 볼 수 있다. 아무래도 젊은 층이 주류일 것이다. 이미 한국 사회에서는 하나의 새로운 문화로 자리 잡은 것 같다. 언제부터인지 커피는 한국 대중들이 가장 사랑하는 음료 중 하나가 됐다. 처음에는 다방 커피로 시작해 믹스커피가 대세를 이루더니 이제는 다채로운 커피가 한국 사람들의 입맛을 끌고 있다. 나도 커피를 꽤 좋아하지만 이름만 봐서는 어떤 맛인지 구별이 안 되는 각양각색의 커피가 등장하고 있다. 가격도 한 끼 식사 값을 넘는 경우가 많다. 커피 한 잔을 들고 걸어가는 것도 하나의 유행이 됐다.

중국에서 가장 일반적인 전통 음료는 중국차라고 할 수 있다. 내가 중국 대학에서 강의하던 2011∼2012년쯤만 해도 학생들은 보온병에 중국차를 담아 와서 마시거나 따뜻한 물이 담긴 물병을 들고 교실에서 계속 마시는 모습이 일반적이었다. 그러나 최근 이런 추세가 점차 변하고 있다. 수년 전만 하더라도 중국 학생이나 일반 중국인은 커피 맛을 보고는 왜 이런 쓴 음료수를 마시냐 하는 반응이었다. 어느 기관이나 학교를 방문하더라도 손님에게 대접하는 것은 으레 중국차였으며, 방문 선물로 가장 많이 받는 것도 중국차였다. 그래서 커피를 좋아하는 나는 중국의 어떤 기관을 방문할 때 별도로 준비해 간 스틱커피를 타 먹곤 했다. 그 당시만 해도 베이징이나 상하이 등을 제외한 웬만한 도시에서는 커피 전문점을 찾아보기가 힘들었다. 더군다나 커피숍 또는 커피를 마실 수 있는 서브웨이(SUBWAY)나 켄터키 치킨, 맥도널드 등 서양 계열의 체인점에서 책을 읽거나 소일하는 젊은이들을 발견한다는 것은 쉬운 일이 아니었다. 하지만 이제는 불과 몇 년 사이에 그야말로 옛일이 돼버렸다. 최근 커피에 대한 수요는 중국에서 급속도로 증가하고 있다. 유명한 중국차 중 하나인 푸얼차(보이차)의 주요 생산지인 중국 남쪽 지역의 윈난성(雲南省)조차도 이제는 커피나무 재배로 점차 옮겨가고 있다. 중국의 대도시는 물론 중소 도시에도 도처에 커피 전문점이 들어서고 있다. 미국의 스타벅스를 비롯해 우리나라 토종 브랜드인 커피빈, 중국의 85도 등 각종 커피 전문점이 생겼다. 그곳에 가면 커피 한 잔과 더불어 독서나 인터넷 서핑을 하는 중국의 젊은이들을 얼마든지 발견할 수 있다. 커피값도 싼 편이 아니다. 한국 돈으로 환산해서 스타벅스 커피는 한 잔에 7,000원꼴이다. 오히려 한국보다 비싼 편임에도 커피 한 잔의 즐거움이 이제는 중국 젊은이들의 새로운 유행 문화로 자리 잡아가고 있다.

★★★

유학은 어머니의 뜻

어느 날 사무실에 한국인 모녀가 찾아왔다. 어머니는 우아한 옷맵시에 매우 교양이 있어 보였다. 기품 있는 모습으로 진지하게 학교생활과 학습에 대해 이것저것 물었다. 그러면서 딸에게 잘 알아들었는지 수시로 확인했다. 딸도 어머니와 나의 대화를 듣고 있었지만 유학에는 별 관심이 없는 듯 가끔 지루하다는 몸짓을 보였다. 모녀와 상담을 마치고 그들과 함께 유학생 기숙사, 식당, 강의동 등을 둘러보았다. 이 시설물들은 모두 5분이면 걸어갈 수 있는 거리여서 수업이나 식사하러 이동하는데 매우 편리하다. 어머니는 딸이 매우 만족해하기를 바라는 듯 계속해서 "괜찮네, 정말 괜찮아"라고 말했다. 하지만 딸은 아무런 반응이 없었다. 참 이상한 모녀라는 생각이 들었다. 날짜가 흘러 등록하는 날 모녀는 함께 다시 왔다. 일반적으로 이런 경우 자녀들이 스스로 수속을 하게 한다. 유학 생활이 시작되면 모든 것은 자녀들 자신이 해결해야 하기 때문이다. 정말로 부모의 도움이 필요할 때만 부모가 나선다. 그런데 이 모녀는 달랐다. 모든 수속을 어머니가 하고 딸은 내내 옆에서 구경만했다. 모든 수속이 끝나고 어머니는 떠나기 전에 나에게 딸 좀 잘 보살펴달라고 부탁했다. 사실 이 여학생의 일거수일투족을 보니 그녀가 아주 좋은 가정환경에서 자랐으며, 예의도 발라서 무슨 특별한 보살핌이 필요할 것 같지는 않아 보였다. 그래도 어머니를 안심시키기 위해 그렇게 하겠다고 답했다.

며칠이 지났다. 이 학생을 가르치고 있는 선생님이 나를 찾아와서 학생의 이름이 출석부에는 있는데 얼굴이 보이지 않는다는 것이었다. 나는 놀라서 황급히 기숙사에 전화를 걸어 학생이 숙사에 있는지 혹시 무슨 사고가 났는지 알아보았다. 기숙사 관리인은 학생이 매일 제 시간에 식사하고 기숙사를 드나들 때마다 아주 예의바르게 인사하는데 수업은 하러 가지 않는 것 같아서 공결 신청한 줄 알았다고 말했다.

나는 황급히 학생을 찾았다.

"이곳 생활 어때요, 이제 적응할 만하죠?"

"예, 아주 좋아요"

"건강은? 어디 불편한 데는 없고요?"

"없습니다. 다 괜찮아요."

"공부는? 같은 반 친구들과도 잘 지내고요? 혹시 중국 학생 소개해줄까요?"

"괜찮습니다. 한국 친구들하고도 잘 지내는데요."

"수업은 어때요? 재미있어요?"

"……."

학생은 묵묵부답이었다. 그래서 아예 단도직입적으로 물었다.

"수업 안 나온다고 하던데, 정말입니까? 선생님이 싫어요?"

"아니에요……."

또다시 침묵을 어어갔다.

"어찌 된 거예요? 여기서 공부하기가 싫은가요?"

"예, 하고 싶지 않아요."

결국 그 학생은 대답했다.

"그러면 왜 이곳에 왔습니까? 자신이 하기 싫으면 억지로 공부하러 올 필요가 없었는데, 이미 와버렸으니 돈과 시간을 낭비하면 안 되죠. 열심히 해봐요. 제대로 해야죠."

"저는 오고 싶지 않았는데 어머니가 앞으로 중국어가 쓰

임새가 많을 거라고 계속 권해서 할 수 없이 끌려오다시피 했어요."

학생은 머리를 숙여 자신의 휴대폰을 내려다보면서 작은 목소리지만 내친김에 단단한 어조로 말했다.

"저 이곳이 싫어요!"

학생의 말을 듣고 나도 어찌할 바를 몰랐다. 무슨 말을 해야 할지도……. 나도 혹시 이런 식으로 피아노 해라, 그림 그려라, 춤 배워라, 외국어 배워라 등 내 아이에게 이것저것 시키는 것은 아닐까? 아이를 위한다는 명목으로 은연중에 내 자신의 욕망을 채우고 있는 것은 아닐까 하는 의구심이 들었다. 비록 내 자신에 대해 마음속으로는 반성하고 있었지만 그래도 계속해서 그 학생을 계도할 수밖에 없었다.

"학생 어머니가 틀림없이 학생을 위해서 중국어를 공부하라고 한 건데, 지금은 별로 하고 싶은 생각이 없더라도 배우다 보면 아마 흥미가 생길 거예요. 아직 해보지도 않았잖아요?"

학생은 아무런 반응이 없었다. 나는 창문을 바라보며 탄식하다 말고 안타까운 마음으로 한 번 더 설득을 시도했다.

"만약 학생이 계속 수업을 안 나가면 결석이 되고, 결석이 많아지면 시험을 볼 수가 없어요. 불합격된 학생은 더 이상 학교에 나올 수 없습니다."

나는 다시 한 번 학생에게 수업에 참여할 것을 부탁했고,

학생은 돌아갔다. 하지만 그 후에도 학생은 계속 수업에 불참했다. 나도 여러 차례 다시 면담을 했지만 효과는 미미했다. 한번은 이렇게 말하기도 했다.

"정말 이곳에서 공부하기 싫다면 어머니에게 말해요. 직접 말하기 그렇다면 내가 대신 어머니하고 이야기할까요?"

"아니에요. 제가 직접 이야기할게요."

학생은 황급히 말했다. 하지만 이후에도 상황이 나아지지 않았다. 중간고사가 끝나고 학생 어머니가 나를 찾아왔다. 나는 너무 아이에게 강요하지 않았으면 한다고 완곡히 말했다. 어머니는 계속 아이하고 이야기해보겠다고 했지만 기말고사 결과는 뻔했다. 2학기에 모녀는 다시 나타나지 않았다.

이와 같은 사례가 적지 않다. 어떤 한국 어머니는 아이가 수업에 충실하지 않을까 봐 아예 아이와 함께 수업을 듣기도 했다. 하지만 어머니가 집안에서 해야 할 일도 적지 않아서 어머니가 수업에 못 오는 날에는 학생이 늦거나 조퇴하거나 제멋대로였다. 성적은 뻔했다.

또 어떤 한국 여학생은 매일 교실에는 나타나지만, 거의 수업에는 관심도 없이 뒤편에 앉아서 이어폰을 끼고 앉아 있거나 화장을 하기도 하는 등 수업에 매우 불성실했다. 매번 그 학생하고 면담을 하면 태도는 매우 공손했지만 공부에는 영 관심이 없었다.

또 어떤 한국 학생은 열심히 공부를 하기는 하는데 성적은 영 말이 아니었으며 늘 걱정스런 얼굴이었다. 무슨 일인가 물었더니 어머니가 항상 열심히 공부하라고 다그친다는 것이었다. 그 학생은 어머니를 매우 무서워했다. 이런 식으로 스트레스를 받아가면서 억지로 공부를 하고 있으니 표정이 밝을 리가 없었다.

또 어떤 한국 여학생은 한국에서 실연 때문에 괴로워하다가 유학을 선택했다. 환경을 바꿔서 마음을 다스리려고 했던 것이 목적이었지만 결국 감정의 굴레에서 탈출하지 못하고 계속 심한 우울증에 시달렸다.

오늘날 유학한다는 것은 그리 어려운 일이 아니다. 하지만 출국하기 전에 남한테 밀려서 유학을 하건 자신이 주동적으로 하건 간에 유학 자체에 대해 정신적으로 준비가 돼 있는지 곰곰이 생각해보길 권한다.

★★★

TIP

한국과 중국은 자식에 대한 잘못된 애정 표현이나 교육 방식에서 본질적으로 비슷한 면이 있다. 부모 자신이 아이에게 바라는 것을 시키고 무조건 잘 해주면 된다는 식의 사고방식이 그것이다. 방식도 대동소이하다. 어렸을 때부터 피아노, 태권도, 미술 등 안 시켜보는 것 없이 자녀들을 방과 후 쉴 틈도 없이 이리 돌리고 저리 돌리고 한다. 자녀가 지친 상태로 집에 돌아오면 쉬지도 못하고 또 학교 숙제를 해야 한다.

특히 중국의 경우 2015년 이전에는 한 가정 한 자녀 정책이었다. 그래서인지 아이에 대한 투자는 정말 눈물겨울 정도로 대단하다. 한국과 마찬가지로 온갖 것을 아이에게 다 시키고자 한다. 아이들 하교 시간이 되면 아이를 데리러 온 부모들의 차량으로 주변은 온통 북새통을 이룬다. 특히 주변에서 자녀에게 무언가 해주는 것을 보면, 이쪽에서도 자신의 경제 사정과는 상관없이 똑같이 해줘야 마음이 놓이는 분위기다. 최근에는 중국이나 한국이나 외국어 학습 조기 열풍이 불고 있다. 영어를 가르치는 유치원 학비가 대학 등록금만큼이나 비싼데도 부모들은 보내지 못해 안달이다. 학비가 일반 중산층이 부담하기에는 부담스러울 정도다. 그럼에도 이웃 아이가 다니니 나도 보내야 한다는 심리적 압박감에 시달리는 부모들도 상당하다. 성장해서도 마찬가지다.

중국어를 하면 앞으로 여러모로 쓸모가 있다는 생각을 주변에서 많이들 한다. 부인하지 않는다. 하지만 그것도 엄격하게 보면 부모의 생각이요, 사회의 일반적인 생각이다. 중국에서 공부하거나 중국어를 공부하는 것이 과연 자기 아이의 적성에 맞는지 그것에 대해서는 별로 신경을 쓰지 않는 경우가 많다. 실제로 내 유학 시절부터 오늘날까지 유학 생활하는 이들을 둘러보았을 때 '저 사람 왜 유학 왔는가' 하는 의구심이 드는 경우도 꽤 많았다. 어떤 사람은 외국에 나와 있는 자체도 공부라고 한다. 맞는 말이다. 하지만 외국에 나와서 오로지 한국 사람끼리만 모여서 밥 먹고, 영화 보러 다니고, 술 먹고 하는 등 여기저기 몰려다니는 것이 과연 진정한 외국 유학 생활인지 의심스럽다. 몇 년 전 중국에서 오래 살다 온 학생들을 대학입시 면접에서 만난 적이 있다. 그중 잘하는 학생도 있었지만 의외로 어학 실력이 형편없는 경우도 있었다. 물어보면 거의 틀림없는 답변이 돌아온다. 대부분의 시간을 한국 동포들과만 함께 어울려 지낸 것이다. 정말로 돈과 시간이 아깝다. 자신을 위한 올바른 투자에 대해 다시 한 번 심사숙고해서 유학을 결정해야 한다.

★★★

나이 많은 학생들

사회가 발전하면서 우리에게는 더 많은 기회가 주어진다. 그중에는 학습의 기회도 포함돼 있다. 옛날에 공부를 더 하고 싶었지만 여러 이유로 기회를 놓친 것에 대해 더 이상 푸

넘하거나 아쉬워할 필요가 없다. 이제는 평생 공부한다는 인식이 보편화돼서 다양한 교육기관에서도 관련 프로그램을 제공하기 때문이다. 각 대학의 중국어 어학당에는 나이가 든 외국 유학생이 꽤 많아지고 있다. 비록 어학당 학생 대부분이 고등학교를 막 졸업했거나, 혹은 대학을 다니다 왔거나, 또는 대학을 막 졸업한 학생이 주를 이루지만 그중에는 나이 지긋한 학생도 상당한 비율을 차지한다. 어느 날 사무실로 중년의 한국인 부부가 찾아왔다.

"중국어 배우는 프로그램을 여기서 등록합니까?"

"예, 그렇습니다. 누가 배우려고 하는데요?"

부인이 다소 쑥스럽다는 듯 나지막한 소리로,

"나이 제한 있습니까? 저, 사실은 제가 배우려고 하는데요."

부인은 마흔 살 정도 돼보였다.

"남편이 이곳에서 근무하고 저는 아이들을 돌보는데, 빈 시간에 중국어 좀 배우고 싶어서요."

"아무런 제한 없습니다. 부인의 나이로도 충분히 와서 배울 수 있습니다."

"나 같은 사람도요? 젊은 사람들과 함께 배웁니까? 좀 걱정이 되는데요."

"우리 학교에는 부인과 비슷한 연령대 사람이 꽤 있습니다. 혼자서 독학하다 오신 분들도 있고요. 과정은 어학 수준에 따라 분반이 돼 있습니다. 나이에 따라 분반되는 것이 아니니까 안심하세요."

사실 이런 분들이 와서 공부하는 것은 매우 반가운 일이다. 이런 분들은 시간을 아까워하면서 적극적으로 진지하게 공부하기 때문에 젊은 사람들에게 좋은 본보기가 된다. 부부는 몇 가지 세세한 문제를 물어보고는 다음 학기부터 중국어를 배우러 오기로 결정했다.

하지만 모든 사람이 중국 현지 생활에 순조롭게 적응하는 것은 아니다. 어떤 한국인 부부는 중국에 온 지 얼마 안 된 데다가 거주지 또한 아직 결정되지 않아서 어학당 입학부터 학교 캠퍼스 안에 있는 아파트 빌리는 문제에 이르기까지 온갖 문제를 나에게 물었다. 마침 빈집이 있어서 그 부부와 함께 보러 갔다. 빈집을 한 바퀴 돌아보고는,

"뜨거운 물은 아무 때나 나오나요?"

"목욕을 할 때는 온수기로 뜨거운 물을 데웁니다."

주인이 대답했다.

"부엌 안에도 뜨거운 물 나옵니까?"

"온수기와 연결돼 있어서 필요할 때 뜨거운 물을 데울 수 있습니다."

"창문이 홑창으로 돼 있는데 겨울에 춥지 않나요?"

"겨울에는 정부에서 제공하는 난방 온도까지 올릴 수 있습니다."

나는 정부에서 제공하는 난방 온도란 무엇인지를 이해시키고 주방과 욕실의 뜨거운 물 사용 작동법에 대해 설명해줬다. 보아하니 이 부부는 이러한 거주 조건에 대해 매우 불편해하는 눈치였다. 이 아파트는 깨끗하게 정리돼 있었지만 새로 지은 아파트가 아니어서 다소 오래되고 낡아 보였는데, 이는 아주 일반적인 중국 아파트의 모습이다. 부부는 주인에게 한번 고려해보겠다고 한 후 또 다른 집은 없는지 나한테 물었다. 사실 학교 안에는 그 부부를 만족시킬 만한 집이 없어서 부동산 중개소에 새로 지은 아파트를 알아보는 것이 어떠냐고 권했다. 그리고 학교 밖에서 집을 빌릴 경우 필요한 법률적 절차를 설명해줬다. 그들은 집 하나 빌리는 데도 관할 파출소에 가서 등록해야 한다는 사실에 몹시 놀라워했다. 이렇게 복잡하고 까다로운데 중국어 소통 자체가 불가능한 이 부부의 앞으로 일이 그리 순탄해보이지 않았다.

비록 사람에 따라 적응하는 정도가 다르지만 대부분의 나이 드신 분들의 열정은 좋은 본보기가 된다. 은퇴한 어느 한국분이 중국어를 꼭 배워야겠다며 찾아왔다. 나이가 좀 많은 분이 홀로 중국에 와서 공부해야 하기 때문에 다소 걱정이 됐다. 그분은 은퇴를 하고 나서 특별히 할 일도 없는 데다 집에만 박혀 식구들 눈치만 보느니 공부나 하자고 맘먹고 왔다는 것이다. 식구들은 제각기 자기 일을 하느라 바쁘고 부인도 손자들 돌봐야 해서 자기 혼자 중국에 오는 수밖에 없었다. 그는 건강검진 증명서를 내보이면서 자기는 매우 건강하니 유학 생활에 아무런 문제가 없다고 강조했다. 또한 자기는 어렸을 때부터 한자(漢字)를 공부해서 중국어를 쉽게 습득할 자신이 있고, 중국에 대해서도 관심이 많다고 덧붙였다. 후에 그분은 학교에서 중국어를 공부하다가 외국인 기숙사를 떠나 밖에서 방을 빌려 살았는데, 집안 허드렛일은 조선족 가사 도우미를 고용해서 해결했다.

한국인 가정주부 몇 사람은 중국어 웅변대회에 참가해 타이완 가수의 「건너편의 여자가 이쪽을 쳐다보네」라는 노래를 「건너편의 남자가 이쪽을 쳐다보네」라는 제목과 내용으로 개사해 불렀다. 일사불란한 동작으로 관중들을 열광케 해 2등상을 받았다.

나이 드신 분들이 이렇게 다양한 모습으로 우리 학교에 입학해 공부함으로써 여러 방면에서 커다란 자극이 되고 있다. 그분들을 통해 우리 중국인 근무자들은 한국에 대해 좀 더 폭넓은 이해를 할 수 있다. 또한 그분들의 열정과 노력은 젊은 사람들에게 커다란 자극제가 돼 매우 긍정적인 시너지 효과를 불러일으킨다. 그런 분들이 더 많이 오셔서 한국과 중국의 문화적 교류에 커다란 교량 역할을 해줬으면 한다.

★★★

TIP

내가 중국에 있을 때도 인생 노년에 공부하러 온 몇몇 분들을 본 적이 있다. 그분들은 대부분 현직에서 은퇴한 후 자기가 좋아하거나 관심 있는 일을 찾아서 온 분들이라 일반 학생과는 마음가짐이나 생활 태도가 달랐다. 우선 시간을 굉장히 유익하게 나눠 쓴다. 오랜 인생 경험을 통해 자신의 시간을 효과적으로 통제할 수 있기 때문이다. 다음으로 자신이 하고 싶은 것을 하기 때문에 목적의식이 뚜렷하다. 중국어를 배워서 무엇을 하겠다는 것보다는 중국어를 잘 해보겠다는 목표가 확실하다. 외국어 학습은 일단 암기력이 기본이 돼야 한다. 비록 그분들의 기억력이 젊은 사람만 못하더라도 그분들이 갖고 있는 열정으로 이를 충분히 극복하고 있다. 그중 특별히 기억나는 두 분의 경우가 있다. 이두 분 모두 자신의 분야에서 올라갈 수 있는 최고의 지위까지 오른 분들인데 정년 은퇴를 한 후 중국에서 제2의 인생을 살고 있었다. 대부분의 사람은 언어학교에서 중국어를 배우는 것이 일반적이다. 일단은 부담이 없고 어느 정도 시간적 여유를 가지면서 중국 생활을 즐길 수 있기 때문이다. 하지만 이 두 분의 경우는 달랐다. 대학교 1학년에 정식으로 입학해서 다시 시작하는 것이다. 외국인이 중국 대학 1학년부터 다시 다니려면 학업에서 오는 스트레스가 보통이 아니다. 언어 문제도 그렇고 중간고사, 기말고사 등 평가를 전부 중국어로 외워서 해야 한다. 그럼에도 그분들의 생각은 이왕 하는 것 취미로 하고 싶지 않다는 것이다. 전공자로서 한번 도전해보겠다는 것이다. 그중 한 분의 부인은 뒤늦게 무슨 공부냐 하면서 적극 만류했다지만 나는 그분의 새로운 도전이 너무 존경스럽고 잊혀지지 않는다.

★★★

물건값 흥정은 중국어 연습의 좋은 기회

외국어 교재에는 일상생활 각 영역에서 사용되는 회화를 중심으로 구성돼 있다. 예를 들면 식당에서, 시장에서, 병원에서, 은행에서 사용하는 일상언어 회화이다. 이 중에서 초보자들이 쉽게 익힐 수 있고 또한 배우자마자 금방 활용할 수 있는 일상 회화로는 물건값 흥정할 때가 단연 최고다. 하지만 오늘날 상가나 마트에서 물건을 살 때는 오히려 말이 필요 없어서 배운 회화를 연습하기가 쉽지 않다. 진열대에 상품이 잘 진열돼 있고 그 밑에는 가격표가 붙어 있어서 그 대로 계산하면 되기 때문이다. 그래서 회화를 연습하려면 가 장 좋은 곳은 전통시장이나 작은 개인 점포들이다. 하지만 상황을 잘 봐가면서 해야지 그렇지 않으면 오히려 가게 주 인들이 싫어할 수 있다.

새로 온 한국 학생 몇 명이 교문 앞에 있는 신문이나 잡지 를 파는 가판 노점상에 갔다. 이곳에서는 신문과 잡지 이외에 음료수나 아스크림 등도 파는데, 장사가 잘 되는지 주인은 항 상 정신없이 바빴다. 한국 학생 몇몇이 다가가서 진지하게 무 언가 고르고 있었다. 내 딸아이가 아이스크림을 먹고 싶다며 나를 억지로 그곳으로 끌고 갔다. 옆에서 들려오는 소리,

"아저씨, 이 물 얼마예요?"

"캉스푸(康師傅, kang shi fu) 물은 2위안이고, 눙푸산촨(農夫 山泉, nong fu shan quan) 물은 4위안입니다."

"그렇게나 비싸요? 좀 싸게 해줘요."

이 말을 하는 학생은 말하는 어투가 교과서에서 배운 내 용과 똑같았다.

"워낙 단가가 싼 물건이라 이윤이 거의 없어요. 게다가 냉 동시킨 물이잖아요? 싸게는 안 돼요."

"좀 싸게 해줘요. 1위안 50전이요."

"물 한 병 가지고 흥정하다니!"

가게 주인은 귀찮다는 듯 짜증 섞인 혼잣말을 내뱉고는 다른 손님의 물건값을 계산했다. 이 학생이 그동안 배워두었던 중국어를 실습하는 것이라고는 전혀 상상하지 못하고 있는 듯했다. 사실 이런 종류의 가판 매점은 관련 기관으로부터 임대해서 매년 일정한 금액의 세금을 내야하기 때문에 물건의 최저 가격선이 없을 수가 없다.

또 다른 한국 여학생이 아이스박스를 돌면서 무언가 배운 것을 그대로 실습하려고 하는 것 같았다. 매점 주인은 다른 손님들을 대하느라 정신없었다. 잠깐 사이에 이미 물이 몇 병이나 팔렸다. 그런데도 아까 그 학생은 물값 좀 더 싸게 해 줄 수 있는지 주인의 대답을 기다리고 있었다.

"알았어요, 알았어. 1위안 50전 내요."

주인이 어쩔 수 없다는 듯 대답하며 다시 한 번 투덜거렸다.

"요런 금액 가지고 깎자고 하다니, 나 원 참."

그 학생들은 또 다른 물건 몇 가지를 들고 열심히 흥정하다가 자리를 떴다. 주인의 표정에 심기가 불편한 기색이 역력했다.

"주인아저씨! 저 학생들 중국어 회화 연습하는 건지 몰랐어요?"

주인은 그제야 상황을 깨닫고는 너털웃음을 지었다.

TIP

외국어를 공부한 사람이라면 누구나 위와 같은 경험을 한 적이 있어서 낯설지 않을 것이다. 나도 가끔 실습하던 방식이다. 물건을 사려고 흥정하는 것이라 눈치도 안 보고 주춤거리지 않아도 되니 가장 쉽게 실습할 수 있는 방법이다. 물건 사기 외에도 길을 가다가 아는 길도 일부러 물어보기, 식당에서 음식 주문할 때 일부러 이 말 저 말 해보기 등도 일상언어 회화 연습에 큰 도움이 된다.

외국어를 자기 언어같이 자연스럽게 하려면 반복 훈련 이외에는 왕도가 없다. 가끔 어떻게 하면 중국어를 잘 할 수 있느냐고 물어오는 사람이 있다. 가장 기본적인 방법은 짧은 기간이라도 중국에 가서 집중적으로 연습하는 게 최고라고 말한다. 다른 외국어도 마찬가지일 것이다. 국내에서 외국어를 배워서 유창하게 할 수 있는 가능성이 적기 때문이다. 외국어를 자신의 혀에 자연스럽게 익히기 위해서는 33번을 반복해서 사용해야 한다는 말을 어디선가 들은 적이 있다. 매우 공감하는 말이다. 국내에서 열심히 회화 문장을 외워도 사용할 기회가 주어지지 않기 때문에 시간이 얼마 지나면 금세 잊어버린다. 33번을 반복해서 활용할 기회가 한국에서는 잘 주어지지 않는다. 매일같이 외국인들과 함께 지내는 환경이라면 몰라도 말이다.

열심히 회화를 공부하던 기간 중에 드디어 외국인을 만났다고 하자. 틀림없이 자기가 배웠던 회화를 쓸 수 있는 상황임에도 순간 입 밖으로 나오지 않아 당황하게 된다. 그 외국인하고 헤어진 다음 비로소 배웠던 내용이 생각난다. "아휴, 이 말을 했어야 하는데"라며 후회한다. 하지만 버스는 이미 떠나간 상황이다. 다음번에 똑같은 상황이 벌어지면 반드시 써먹어야지 하면서 굳게 다짐을 한다. 이런 상황이 여러 차례 반복돼야 비로소 그 상황에서 쓸 수 있는 회화가 자연스럽게 나온다. 이런 상황이 국내에서 생기기는 어렵다. 그 나라에 가는 방법이 제일 좋을 수밖에 없는 이유다. 국내에서 외국어를 배우는 경우에는 일단 회화보다는 어휘를 열심히 외워두라고 권한다. 현지에 가서 어떻게 해서든지 떠듬떠듬 어휘를 엮다보면 비록 정확한 표현은 아니더라도 기본적인 의사소통은 가능하기 때문이다.

★★★

너무 이른 아침 식사 시간과 너무 긴 점심시간

우리 학교 식당은 아침 6시부터 8시 30분 사이에 문을 연다. 오전 8시부터 11시 40분까지는 오전 수업, 점심시간은 대략 10시 30분부터 12시 30분까지. 점심 식사 후 학생들은 기숙사에 돌아가서 휴식을 취할 수 있다. 오후 2시에 수업이

다시 시작된다. 저녁 식사는 대략 4시 30분부터 6시 30분 정도이고, 만약 저녁에 야간 수업이 있으면 7시에 시작된다.

중국의 대학교 생활은 기본적으로 위와 같은 시간 테이블로 돌아간다. 선생이나 학생들도 이와 같은 생활 리듬이 몸에 배어 있다. 하루는 한국 학생이 물었다.

"선생님, 식당 문을 왜 그렇게 일찍 닫습니까?"

"일찍 닫다니?"

나는 그 학생이 왜 그런 질문을 하는지 이해가 안 됐다.

"저는 아침 8시에 수업을 가는데 미처 아침을 먹을 시간이 없습니다. 쉬는 시간에 식당에 가보면 식당 문은 이미 닫혀 있어요."

나는 학생에게 중국 대학의 식사 시간을 설명해주면서 "아침 일찍 일어나는 새라야 벌레를 잡아먹을 수 있다"라는 속담까지 들먹였다. 후에 내가 한국에 가서야 그 학생이 왜 그런 질문을 했는지 이해가 됐다. 한국에서는 지정된 시간에만 식당 문을 여는 것이 아니고 또 어떤 식당들은 아예 24시간 여는 곳도 있다는 것을 알았다.

또 한번은 한국 학생 몇몇이 나를 찾아왔다.

"선생님, 왜 점심시간에 2시간씩이나 쉽니까? 점심 먹고 곧 바로 수업 시작하면 안 됩니까?"

"아, 그건…… 학교의 교과과정 시간표가 그렇게 편성돼 있기 때문이에요."

"하지만 점심때 집에 돌아가서 또다시 학교에 오는 게 불편해서요."

이 학생들은 학교에서 차로 약 30분 정도 걸리는 곳에 살고 있었다. 집에 가서 식사하고 다시 온다는 것이 확실히 불편했을 것 같다.

"학교 식당에서 점심을 먹는 게 어때요? 식사 후 교실에 가서 쉬거나 자습하는 것도 괜찮잖아요?"

"오후에 좀 더 일찍 수업 시작하면 안 되나요? 그러면 그만큼 일찍 집에 돌아가서 아이를 제 시간에 픽업해 올 수 있는데요."

"학교에 버스를 배차해서 우리를 픽업해주면 안 되나요?"

이런 문제들에 대해 어떻게 대답해줘야 할지 몰랐다. 학교 교문 앞에는 학교 앞까지 오는 직행버스도 있어서 학교 자체에서는 아예 통학차를 배차하지 않기 때문이다. 시간을 앞당겨 수업을 시작하는 것도 허용이 안 된다. 선생님이 학생들에게 수업을 하는 시간도 임의로 정할 수 있는 문제가 아니다. 내 설명을 들은 후 학생들은 툴툴대며 돌아갔다. 한국에 와보고 나서야 한국 대학에서는 강의시간표에 별도로 점심시간이 지정돼 있지 않음을 알 수 있었다. 학생 자신들이 알아서 빈 강의 시간에 점심을 해결하는 방식이었다. 학교 캠퍼스 안에는 대중교통 버스들도 들어와 있어서 학생들의 이동을 편리하게 해주고 있었다. 중국 대학과는 확실히 크게 다른 모습이었다.

★★★

TIP

　　　　　중국 대학의 수업 진행은 한국 대학보다 매우 엄격한 편이다. 한국 대학에서는 교수의 재량으로 학생들과 합의가 되면 수업 시간의 운영은 어느 정도 자율성이 주어진다. 하지만 중국은 그렇지 않다. 수업 시간 시작은 정확하게 벨 소리와 함께 시작된다. 그 시간에 교수도 교실에 위치해 있어야 한다. 수업의 종료도 정확하게 벨 소리와 함께 끝나게 돼 있다. 교실 밖에는 가끔 수업 상황을 체크하는 교무처 직원이나 선생님들이 순시를 한다. 수업 자체도 마찬가지다. 내가 중국 대학에서 강의할 때다. 어느 날 수업을 하는데 어떤 중년 부인이 그대로 교실 안에 들어오는 것이었다. 나는 처음에 청강하러 온 분인가 생각했다. 그런데 수업이 끝나자 무언가 종이 위에 체크를 하는 것이다. 후에 그분이 수업 진행에 대해 평가하러 온 같은 학과의 선생님이라는 것을 알았다. 시험 볼 때도 마찬가지다. 학생들이 시험을 볼 때 과목 담당 선생님은 시험관이라는 패찰을 몸에 걸게 돼 있었다. 내가 가르친 학생들을 시험 감독할 때의 일이다. 시험 시작 전 아직 아무 말도 안 했는데 학생들이 자발적으로 가방을 전부 교실 앞에 갖다가 놓는 것이다. 순간 신기하기도 하고 '구태여 저럴 필요까지는 없는데'라는 생각이 들었다. 한국 대학에서는 상상도 할 수 없는 장면이다.

잘 아는 중국 교수는 교무처로부터 경고를 받았다고 한다. 수업을 2분 먼저 끝내고 나오는데, 마침 순시하던 교무처 감독관한테 적발된 것이다. 농담 같은 실화다. 그 2분 때문에 학교 경고 명단에 자신의 이름이 올라왔다는 것이다. 중국 대학이 정상이면 한국 대학이 너무 느슨한 것이 되고, 한국 대학의 융통성과 자유로움이 정상이면 중국 대학이 너무 지나치게 엄격하다고 해야 할지 판단이 잘 서지 않는다.

★★★

태산 별로 안 높던데요

중국인 이외에 중국의 태산(泰山)에 대해 가장 잘 알고 있는 이들은 아마 한국 사람일 것이다. 태산은 산동성(山東省) 중부에 위치하고 있으며 주봉의 해발고도는 1,545미터다. 세계자연유산 및 문화유산에 중복 등록돼 있다. 또한 세계급 지질공원이며 중국의 '비물질문화유산(非物質文化遺産)'이기도 하다. 태산은 취푸시(曲阜市) 인근에 있는데 취푸는 공자의 고향으로 공자와 관련된 공묘(孔廟: 공자를 기리는 사당), 공부(孔府: 한고조 이래 천하 제일 가문으로 꼽히는 공자의 직계손이 거주하는 곳), 공림(孔林: 공자 사후, 제자들에 의해 형성된 가족묘로서 현재 세계에서 가장 오래되고 가장 큰 규모의 가족 묘역) 등 소위 삼공(三孔) 문화유산이 남아 있어서 많은 한국인이 찾는 관광 명소다. 이곳은 유가사상의 근원지이자 공자의 고향이어서 역대 제왕들이 존경하던 곳이다. 그래서 산둥성에서 공부하려면 태산과 취푸시의 삼공(三孔)은 반드시 둘러봐야 하는 곳이다.

한국 학생들이 팀을 짜서 태산과 취푸시 관광을 가겠다며 여행 관련 세부 사항에 대해 이것저것 물었다. 며칠 후 그들은 태산으로 출발했다. 원래 태산이나 취푸를 관광할 때는 일반적으로 먼저 기차를 타고 현지에 도착한 다음, 차를 빌려서 그날 하루 일정을 정해 유람한다. 근처에서 하룻밤을 투숙하고 그다음 날 계속해서 관광하는 통상 이틀간의 여정이 필요하다. 학생들은 학교에서 출발할 때부터 전세 낸 차를 타고 여행지로 떠났다. 어떤 방식으로 출발하든 그건 중요한 문제는 아니다. 하지만 나를 놀라게 한 것은 학생들의 관광 속도였다. 너무 빨랐다. 금요일 오후에 출발해서 토요일 저녁에 돌아오는 여정이었다. 옌타이에서 태산까지 왕복은 자동차로 적어도 10여 시간 걸리는 여정이었기 때문이다.

나도 태산을 몇 번 등정한 적이 있다. 하지만 한 번도 처음부터 끝까지 올라간 적은 없다. 산 아래서 출발해 해발 800미터에 있는 중천문(中天門)까지 오르는 동안 도중에 있는 여러 유적지를 관람하려면 대략 3시간 걸린다. 그리고 다시 중천문에서 해발 1,400미터의 남천문(南天門)까지는 약 5,000개의 계단이 있으며, 그중 일부 계단은 70도 각도로 너무 가파르기 때문에 감히 도전할 엄두도 내지 못할 정도로 힘든 곳이다. 여기서도 대략 3시간 걸린다. 그리고 남천문에서 다시 옥황정(玉皇頂)까지 1,500개의 계단이 있는데 이 구간은 오히려 속도를 좀 낼 수 있을 만큼 비교적 등정할 만하다. 하지만 태산을 완전히 밑에서 정상까지 걸어서 올라가려면 하루 온종일 걸리는 것이 기본이다. 그리고 공부(孔府)와 공묘(孔廟)에 얽혀 있는 역사적 얘깃거리가 매우 풍부해서 어느 한 곳만 방문해서 관련 지식을 직접 들으면서 관람하려 해도 거의 2시간 걸린다.

나중에 학생들에게 어떻게 구경했는지에 대해 물었다. 먼저 차를 타고 중천문(中天門)까지 가서 그다음 남천문(南天門)까지 케이블카를 타고, 그다음 걸어서 옥황정(玉皇口)까지 올라갔다가 다시 남천문(南天門)에서 중천문(中天門)까지 걸어 내려와서 그곳에서 자동차를 타고 내려왔다는 것이다. 벼

락치기로 유람한 것이었다. 그러니 학생들은 태산이 그다지 높지도 않고, 별로 험하지도 않게 여겨 등정하기가 수월한 산으로 생각한 것이다.

나도 태산이 그다지 험하다고는 생각하지 않는다. 태산의 안전문제와 서비스는 매우 잘 갖추어져 있으며 고정적인 등산로가 잘 정비돼 있기 때문이다. 낮이건 밤이건 오를 수 있도록 안전한 편이다. 아침 일찍 일출을 보기 위해 추운 날 밤에 산을 오르는 등산객을 위해 두꺼운 솜으로 누빈 무명옷을 대여해주는 서비스도 있다.

태산이 높지 않은 것도 사실이다. 해발 1,500미터 정도니까 등산을 좋아하는 사람들에게는 그리 높은 산은 아니다. 산둥성 지역은 한국과 달리 산이 그리 많지도 않으며 산들도 연이어 있지 않다. 비록 태산의 해발고도는 높은 편은 아니지만 평지에 우뚝 솟아 있어서 상당히 높게 보인다. 또한 사람들이 과거에 태산이 높다고 한 것은 등정하기가 너무 힘들어서일 것이다. 오늘날에는 등정을 편안하게 해주는 각종의 등산 보조 기구들이 있다. 그래서 사람들은 태산은 아주 쉽게 오를 수 있는 산이라 여긴다4. 이제는 남녀노소 할 것 없이 편안하게 케이블카로 정상까지 오를 수 있게 됐다. 태산이 높다는 말은 이제 옛말이 돼버렸다.

중국의 남쪽이나 중부로 가면 자연의 모습이 한
국과는 상당히 다르다는 것을 금방 느낀다. 이에 비해 중국의 산
둥성은 지형이나 산세(山勢)가 한국과 매우 흡사하다. 산둥성을 여
러 번 다니다 보면 정말 외국이라는 느낌이 들지 않는다. 산둥성
의 산세가 한국의 그것과 거의 같다고 해도 과언이 아니기 때문이
다. 기후나 토질도 아주 비슷하고 사람들의 인정이나 기질도 상당
히 유사하다고 매번 느낀다. 중국에 처음 간 사람은 음식 때문에
매우 고생한다. 아무리 중국 음식의 종류가 많고 풍성하더라도 일
단 기름기가 많고 향이 다르기 때문에 우리와 입맛이 안 맞는 경
우가 많다. 그런데 산둥성에서 먹는 음식은 한국 사람들에게 거의
거부감을 주지 않는다. 향도 그다지 강하지 않다. 마늘을 생채로
먹거나 총각무나 양파 등을 생으로 먹는 것도 우리와 비슷하다.
중국의 다른 지역에서는 보기 힘든 음식 문화다. 이는 나 혼자만
의 생각이 아닌 산둥성을 방문했던 많은 한국 사람들의 공통된 생
각이다. 나는 이에 대해 "아주 먼 옛날 산둥성과 우리나라가 하나
의 땅덩어리였다"라는 설의 기억을 떠올리며 그 개연성을 지지해
본다. 일설에 의하면 아주 먼 옛날 중국 산둥성과 한국은 붙어 있
었다고 한다. 그런데 세월이 흐르는 동안 점차 두 지역이 갈라지
면서 가운데 황해(黃海)가 생겼단다. 그래서 산둥성의 돌출된 부분
과 인천 앞바다의 들어간 부분이 이를 증명할 수 있는 증거 중 하

나라고 하는데, 실제로 지도를 펼쳐보면 퍼즐처럼 묘하게 맞물려
들어갈 듯한 느낌이 든다.

---★★★

기숙사에서 벌어진 일

중국 학생 기숙사에서 살래요

외국에서 유학하는 사람들의 심리는 매우 모순된 경우가 있다. 한편으로는 같은 나라 사람들과 만나서 그들의 도움을 받기를 원한다. 그래야 외롭지 않으니까. 또 한편으로는 현지 사람들과 많이 접촉해서 언어능력을 키우고 하루 빨리 현지 문화에 젖어 들기를 바란다.

외국 학생들이 중국에 도착하면 일반적으로 외국인 전용 기숙사에 투숙한다. 그래서 같은 국적의 학생들과 함께 어울려 생활하게 되는 경우가 태반이다. 중국 학생들과의 교류는 일주일에 겨우 몇 시간 정도 함께 학습하면서 교류하는 정도다. 그러다가 어느 정도 중국어 실력이 늘면 좀 더 효과적인 방법을 찾게 된다.

어느 날 오스트리아에서 온 학생과 몇몇 한국 학생들이 유학생 사무실로 찾아와서는 중국 대학생 전용 기숙사에서 살게 해달라고 강력하게 요구했다. 사실 중국 학생들의 기숙사도 여의치 않은 편이다. 학기가 시작되기 전에 일찌감치 모든 자리를 안배한다. 외국 학생을 위해 별도로 공간을 만들어내는 것이 여간 어려운 일이 아니다. 하지만 집요한 이들 몇몇 외국 학생은 포기하지 않고 유학생 관리인에게 어디 어디 빈자리가 있다는 정보를 듣고 와서는 막무가내로 졸라댔다. 또한 그 빈자리가 그들과 같은 학과 중국 학생이 있는 기숙사라는 것을 알고 있다면서 한 치도 물러서지 않았다. 보아하니 이 외국 학생들은 이미 중국 학생 기숙사로 옮기기로 만반의 준비를 다한 것 같았다. 아무리 그래도 그들에게 중국 학생 기숙사에서 거주하는 것이 그렇게 간단한 일이 아니라는 것을 확실하게 일깨워줘야 했다.

"중국 학생 기숙사에 가본 적 있어요?"

"가본 적 있습니다."

"중국 학생 기숙사 생활에 적응할 수 있겠어요? 에어컨도 없고 온수기도 없는데."

"그런 것들은 아무런 문제가 되지 않아요."

"생활 습관도 다를 텐데, 중국 학생들은……."

"선생님, 걱정하실 필요 없어요. 우리는 그저 중국 학생들과 함께 생활하고 함께 공부하면서 우리 중국어 수준을 높이고 싶을 뿐입니다."

어쩔 수 없이 기숙사 관리 부서에 연락했다. 비록 그들 스스로 중국 학생 기숙사의 여러 불편한 조건도 상관없다고 했지만, 그래도 생활에 너무 큰 지장이 없도록 여러 번 협의를 해야 했다. 그 끝에 이 외국 학생들이 거주하게 될 기숙사 방안에 에어컨을 설치하기로 했다.

중국 학생은 대학에 입학하면 특별한 사유가 없는 한 기본적으로 기숙사에서 거주해야 한다. 모든 신입생은 입학을 하게 되면 먼저 10일 내지 2주간의 군사훈련을 받은 연후에 정식 수업이 시작된다. 군사훈련 기간에 학생들은 기초 군사 지식을 배우는 것 외에도 취침 도구를 정리하는 법 등 기숙사 내에서의 단체생활에 적응하는 법도 배운다. 중국 대학 기숙사는 한 방에 4~6명의 학생들이 함께 거주하며 이불 등 취침 도구는 일괄적으로 똑같은 것이 분배된다. 우여곡절 끝에 외국 학생들은 똑같은 이불을 들고 중국 학생 기숙사에 입주했다. 하지만 평안함은 오래가지 못했다. 갑자기 한국 학생의 부모로부터 한 통의 전화를 받았다.

"우리 아이 기숙사에 벌레가 있어서 무섭다는데 왜 방제 작업을 하지 않고 입주시켰나요?"

순간 할 말이 없었다. 하지만 그래도 중국 학생 기숙사 관리인에게 어떻게 된 상황인가를 물었다. 관리인은 귀찮다는 듯,

"모두들 함께 방을 깨끗이 청소한 다음에 입주시켰습니다. 이 건물에 1,000여 명이 살고 있는데 다른 학생들은 문제가 없어서 가만히 있겠습니까? 그 학생에게 말해주세요. 저녁에 규정된 시간에 기숙사에 돌아오라고요. 다음부터 귀가 시간이 늦으면 지도교수한테 통지한다고요."

중국 대학생 기숙사는 매일 밤 규정된 시간에 문을 닫고 정해진 시간에 소등하거나 불을 켠다. 기숙사 사감들은 규정을 위반하는 학생이 있는지 불시에 점검한다. 만약 귀가 시간이 늦으면 관리인은 인적 사항을 적어서 지도교수에게 통지해야 한다. 관리인의 이 말을 다시 해석하면 일부 유학생이 규정을 어기고 늦게 귀가했으며 그것도 단지 한두 차례가 아닌 것 같았다. 어쨌든 관리인은 그 학생 방을 다시 한번 청소하고 벌레 퇴치 약을 뿌리도록 조치했다. 사실 효과가 그다지 크지 않을 것이라는 것을 잘 안다. 왜냐하면 학생들은 습관적으로 창문을 열고 통풍을 시키기 때문에 벌레들이 날아들어 오는 것은 어쩔 수가 없는 일이다.

또 며칠이 지났다. 반드시 중국 학생 기숙사로 옮기겠다고 떼를 쓰던 한국 학생들이 유학생 사무실로 찾아왔다.

"선생님, 우리 외국인 기숙사로 다시 이사 가면 안 될까요?"

"농담하는 것 아니겠지 ? "

"선생님, 정말 죄송합니다만 우린 다시 외국인 기숙사로 돌아갔으면 합니다. 더 이상 참기가 힘듭니다."

"반드시 중국 학생 기숙사로 가겠다고 고집을 피워서 할 수 없이 옮겨줬는데 이 작업이 얼마나 힘든지 알아요?"

"선생님, 그곳에서는 목욕도 제대로 할 수 없고, 하려면 줄지어서 공중목욕탕에 가야 합니다."

"저녁 11시가 되면 무조건 전부 소등해야 하니까 책도 읽지 못하고요."

"아침에는 아직도 자고 있는데 기숙사 등이 갑자기 켜져서 일찍 일어나야 하고요."

한국 학생 몇 명이 제각각 이유를 대면서 하소연했다. 중국 학생 기숙사로 옮기기 전에 스스로들 다짐했던 약속은 전부 어디로 갔는지, 그야말로 난감하기 짝이 없었다.

중국 학생 기숙사 관리인은 한국 학생들 제발 제시간에 귀가하고, 기숙사에 술을 들여오지 못하게 해달라고 계속 전화를 걸어왔다. 나도 슬슬 화도 나고 귀찮아지기 시작했다.

결국 관련 부서에 가서 현재 상황을 설명하고 한국 학생들을 다시 외국인 기숙사로 옮겨주기로 했다. 유일하게 중국 학생 기숙사에서 계속 버틴 것은 오스트리아 학생이었다. 그 학생의 의견을 물었더니 그는 중국 학생들과 함께 생활하는 것이 좋다고 담담하게 말했다. 그는 대학 졸업할 때까지 중국 학생 기숙사에서 살았다.

★★★

TIP

위와 같은 상황을 나도 몇 번 겪은 적이 있다. 교환학생이나 연수생으로 중국에 간 학생들이 중국 학생 기숙사에서 살면 안 되느냐고 부탁한 적이 여러 번 있었다. 이유는 간단했다. 중국 학생들과 함께 살아야 중국어 실력이 는다는 것이다. 맞는 말이다. 하지만 중국 학생 기숙사 상황에 대해 잘 알고 있는 나는 이를 만류하는 입장이었다. 왜냐하면 중국 학생 기숙사의 주거 조건은 한국 학생들이 생각하는 것보다 훨씬 열악하기 때문이다. 2016년 현재는 많은 부분이 개선됐지만 수년 전만 하더라도 과연 한국 학생들이 견뎌낼 수 있을까 할 정도로 심란했다. 우선 단체생활이기 때문에 관련 규정이 매우 엄격하다. 일찍 자고 일찍 일어나야 한다. 정해진 시간에 기숙사 전체가 소등을 하고 등을 켜기 때문이다. 한국 대학의 기숙사는 귀가 시간은 정해져 있지만 소등이

나 점등에 관한 규정은 없다. 중국 대학은 수업도 한국 대학과 달리 8시부터 시작한다. 아침 기상 시간과 식사 시간도 당연히 한국보다는 이르다. 더 큰 문제는 내가 한동안 강의했던 대학에는 기숙사 안에 샤워할 수 있는 시설도 없었다. 특히 여름에는 땀을 많이 흘리게 되는데 기숙사 안에서는 해결할 방법이 없었다. 목욕을 하기 위해서는 단체로 학교 안에 있는 공중목욕탕에 가야 했다. 겨울에는 뜨거운 물 사용도 매우 제한적이었다. 일과 시간이 비교적 자유롭고, 샤워하고 싶을 때 아무 때나 샤워할 수 있고, 언제든지 뜨거운 물을 사용할 수 있는 외국인 기숙사 생활과는 천지 차이였다.

공동 저자 왕링윈 씨가 위에서 기술한 내용만 봐도 한국 학생들이 열악한 환경을 이겨내는 뚝심이 부족하다는 것을 알 수 있다. 이에 대해 나도 부인하지 못한다. 실제로 그런 경우를 여러 차례 봤기 때문이다. 나의 제자 중에서도 딱 한 명만이 교환학생 기간 끝까지 중국 학생 기숙사 생활을 고수하고 나머지는 외국인 기숙사로 되돌아갔다.

반대로 한국에 유학 온 중국 학생들에게는 이와 다른 고통이 기다리고 있다. 아침 수업 시간에 보면 대부분의 중국 유학생이 눈이 벌겋게 충혈돼 있는 경우가 많았다. 어떻게 된 영문인지 물었더니 기숙사에서 같이 살고 있는 한국 학생들 때문에 도저히 잠을 잘 수가 없다는 것이다. 중국 학생들은 일찍 자고 일찍 일어나는 것이 몸에 배어 있는데, 한국 학생들은 대부분 올빼미 생활을 즐긴다. 아침 수업이 없으면 전날 늦게 자고 당일은 늦게 일어난다. 중국 학생들 이야기를 종합해보면, 불이 켜져 있어도 조용히 있으면 아무 말 않겠는데 한국 학생들은 잠도 안 자고 자기들끼리 두런두런 이야기해서 도저히 잠을 잘 수가 없다는 것이다. 이런 상황이 한두 명에 국한된 것이 아니다. 결국 중국 학생 중에는 한국 입국 초기에는 매우 고통스러워하다가 한국식 기숙사 생활에 얼떨결에 적응하게 된 학생들도 생겨났다. 늦게 자고 늦게 일어나는 한국 학생들처럼 말이다.

★★★

빨래 어디서 말려요?

일반적으로 세월이 좀 된 중국 주택이나 아파트들은 베란다가 바깥으로 노출돼 있다. 즉, 한국의 아파트처럼 베란다를 유리창으로 차단해 집안에 배치한 형태가 아니다. 중국은 최근에 와서야 베란다를 집안에 설치한 집들이 늘어나고 있는 추세다. 중국 대학의 기숙사도 베란다가 밖으로 노출돼 있다. 그래서 각 층마다 온갖 의복이나 이불들이 밖에 널려 펄럭이는 모습을 하나의 풍경처럼 흔히 볼 수 있다. 상당히 짧은 시간 내에 빨래가 잘 마르고, 또한 자외선 소독도 되는 장점이 있다. 상하이의 옛 골목길이나 옛 주택을 본 적이 있는가. 이곳 주택들의 베란다는 전부 밖으로 노출돼 있어서 마치 만국기가 걸려 있듯이 각종 옷들이 즐비하게 널려 있다.

산둥성의 대학들은 우리나라와 지리적으로 매우 가깝기 때문인지 유학생 대부분이 한국에서 온 사람들이다. 한번은 중국 사람과 한국 사람이 서로 이해하기 곤란한 일이 생겼다. 어느 날 한국에서 온 학생이 기숙사에 입실하자마자 먼저 세탁기부터 찾았다. 그러고서는

"선생님, 방안에 빨래 거는 거치대 없나요?"

라고 물었다.

"무슨 빨래 거치대?"

"접을 수 있고 여러 개 칸이 걸려 있는 거치대요."

"없는데, 여기는 그런 것이 없어요."

"그러면 어떻게 옷을 말려요?"

"베란다에 옷을 거는 옷걸이가 있으니 그곳에 걸어놓으면 돼요."

"예에? 밖에서 옷을 말려요?"

"아니면 어디서 말려요? 중국에서는 전부 밖에서 옷을 말리는데요. 뭐, 문제가 있나요?"

기숙사 관리인은 학생의 의아한 반응이 오히려 이해가 가지 않았다. 한국 학생 몇 명이 웅성거리기 시작했다.

"베란다에서 말리면 옷이 더러워지지 않을까?"

"옷 거는 부분이 너무 높아서 불편하잖아."

"쑥스럽잖아. 밖에다 옷을 널면 지나가는 사람들이 다 볼 텐데……."

며칠이 지났다. 미용실 앞에서 학생들이 마치 신대륙을 발견한 듯 반색하며 미용실 직원에게 물었다.

"이 옷 거는 틀 어디서 살 수 있나요?"

원래 미용실 앞에는 일반적으로 수건 등을 걸어놓고 말리는 틀이 있다. 학생들이 말했던 것처럼 접을 수 있고 칸이 여러 개 걸쳐 있다. 잡화 시장에서 살 수 있다는 것을 안 학생들은 옷걸이 틀을 사가지고 와서 드디어 옷 말리는 문제가 해결됐다. 결국은 자신들이 하던 방식대로 해야 마음이 편한가 보다.

---★★★

TIP

지금은 많이 줄었지만 과거 몇 년 전만 하더라도 중국의 아파트 앞을 지나가면 한국에서는 볼 수 없었던 보기 드문 장면을 발견하곤 했다. 중국 아파트의 베란다는 개방돼 있는 경우가 많았다. 그래서 밖에서도 옷들이 죽 걸려 있는 것을 볼 수가 있었다. 여학생, 남학생 기숙사도 예외 없었다. 이를 처음 보는 외국인 입장에서는 좀 쑥스러울 수도 있다. 이불을 비롯해 겉옷은 물론이고 심지어는 속옷까지 다 밖으로 노출되니까. 특히 홍콩 같은 경우는 고층아파트가 많은데, 그 높은 건물에서 긴 장대에 옷을 줄줄이 걸어놓고 마치 낚싯대를 드리운 양 밖으로 걸쳐놓은 모습은 참으로 희한한 장면이었다. 사실 과거 우리나라에서도 빨래는 밖에서 말리는 것이 일반적이었다. 개인 주택의 경우는 마당 안에 빨랫줄을 걸어놓고 옷을 말렸다. 농촌의 경우는 도시에 비해 담이 개방된 경우가 많아서 오고가는 사람들이 쉽게 들여다볼 수 있었다. 지금은 대기오염 등으로 과거에 비해 공기가 깨끗하지 못하다는 생각이 저변에 깔려 있다. 그러므로 개방된 베란다에서 옷을 말리면 온갖 먼지나 티끌이 옷을 더럽히지 않을까 걱정하는 것은 당연하다. 2016년 현재 중국의 신식 아파트들도 한국과 마찬가지로 베란다를 창문으로 보호하고 있어서 과거와 같은 장면은 잘 연출되지는 않지만 내가 교류하는 대학교의 학생 기숙사 베란다에는 여전히 과거 모습 그대로 다채로운 빨랫감들이 휘날리고 있다.

★★★

기숙사 안에서 들려오는 이상한 소리

외국 학생이 생활하는 외국인 기숙사는 특별 관리를 받는 시스템으로 운영된다. 외국 학생 이외에 다른 사람이 이곳을 출입하려면 반드시 입구에서 등록을 해야만 한다. 외국 학생 자신이 묵는 방의 청소나 위생 문제는 학생 스스로가 책임지고 알아서 하지만, 일반 공용시설은 관리인이 청소 및 시설물 관리를 담당한다. 관리를 담당하는 직원은 기숙사의 일상적인 관리를 책임지고 수행하며, 기숙사 출입 시간이나 시설 보수 등의 업무는 별도의 기숙사 직원이 담당한다. 한국 대학과 마찬가지로 기숙사 안에서는 금연·금주이며, 애완견을 키우거나 규정에 어긋나는 전열기 사용 등은 금지된다. 이러한 규정을 만들게 된 출발점은 대체로 대동소이하다. 함께 묵고 있는 다른 사람들에게 쾌적한 생활환경을 제공하고 공공질서와 안전문제 등을 유지하기 위함이다.

　기숙사 안에서 동물의 소리를 들었다는 학생의 신고가 들어왔다. 특히 늦은 저녁 모두가 잠든 시간이라서 아주 명확히 들렸다는 것이다. 당시 기숙사 안에는 CCTV가 없기 때문에 관리인은 불시에 기숙사 방을 조사해서 도대체 누가 규정을 위반하고 동물을 키우는지 알아보기로 했다. 관리인이 비록 방안을 검사할 권리는 있으나 학생들 부재 시에 이러한 검사는 매우 조심스럽고 신중해야 했다. 청소하는 이와 함께 관리인은 드디어 어떤 학생 방안에서 동물을 찾아냈다.

뜻밖에도 예쁘고, 성적도 우수하고, 평상시에 매우 예절 바른 한국 여학생이었다. 관리인이 그 학생을 찾아가자 그녀는 금방 그 이유를 알아채고는 부끄러워하면서 머리를 숙여 말했다.

"제가 잘못했다는 것 압니다. 저는 단지 고양이가 밖에서 이리저리 떠돌아다니면서 먹을 것을 찾는 것을 보니 불쌍했습니다. 종종 먹이를 줬는데 날 무서워하지 않더라고요. 그래서 아예 그 고양이를 숙사에 데리고 왔습니다."

잠시 멈췄다가 무언가 생각난 듯,

"고양이한테 이미 예방주사도 놔줬어요. 안심해도 돼요."

이제야 기숙사 관리인은 상황을 파악했다. 밤마다 들려오는 이상한 소리의 발원지는 들고양이를 데리고 들어와 키우던 그 학생의 방이었던 것이다. 관리인이 그 방(혼자서 방 하나를 쓰고 있었다)에 들어가서 확인해보니 그 고양이는 가만히 있지 않고 여기저기 다니면서 의자, 책상 할 것 없이 온통 긁어놓았다.

"규정 위반한 것을 학생은 알고 있지요? 게다가 이 고양이는 공공 기물까지 훼손시켰습니다."

관리인은 다소 화가 나 있었다.

"죄송합니다. 제가 잘못한 것 알고 있습니다."

"정 동물을 키우고 싶으면 학교 밖에서 따로 방을 빌리면 돼요. 기숙사에서 살려면 이곳의 관리 규정을 따라야 합니다."

"선생님, 다시는 그러지 않겠습니다. 저 계속해서 기숙사에서 살고 싶습니다."

학교 안에는 가끔 들고양이나 유기견 등이 돌아다닌다. 특히 들고양이가 많다. 학생들은 종종 선의로 들고양이나 유기견에게 먹을 것을 준다. 하지만 그들을 숙사로 데리고 들어오는 것은 보지 못했다. 기숙사에서는 규정으로 이를 명백히 금지하고 있으며 학생들이 동물들을 돌볼 여유가 없기 때문인데, 나의 유학생 관리 역사상 이 한국 학생과 같은 경우는 처음이었다.

기숙사 관리인은 그 학생의 지도교사와 상의한 끝에 비록 학생이 선의로 불쌍해서 동물을 돌보았지만, 기숙사의 규정을 위반한 것은 명백한 사실이므로 그 학생에게 경고 처분을 내렸다. 동시에 고양이는 더 이상 기숙사에서 살 수 없으므로 학생은 고양이와 헤어지는 수밖에 없었다.

위의 내용과 직접적인 관련은 없지만 문득 떠오르는 장면이 하나 있다. 어느 날 길에서 모녀가 아주 깨끗이 단장한 모습으로 귀여운 강아지를 데리고 산책하고 있었다. 그런데 개가 가다 말고 갑자기 앞으로 나아가지 않고 길가에 멈춰 서서 용변을 보려고 하는 것 같았다. 그것도 큰 것으로. 모녀는 일찌감치 준비한 듯 노련하게 휴지와 봉지를 꺼내 개의 용변을 담아서 가지고 갔다. 교양 있는 모녀, 귀여운 강아지, 정결한 도시의 모습 이것이 동물을 키우는 진정한 태도인 것 같다. 공공 환경을 위해 우리 모두가 그렇게 해야만 할 것 같다.

★★★

TIP

중국이나 한국이나 할 것 없이 기숙사에서 동물을 키우는 것은 금지돼 있다. 어떤 아파트 등 다세대가 모여 사는 거주 공간에 세를 빌려 살려고 해도 애완동물을 키울 경우 이를 거부하는 집주인도 꽤 많다.

중국의 여러 지역을 다니다 보면 길거리에서 이리저리 방랑하는 개나 고양이를 쉽게 볼 수 있다. 개의 경우 대부분 유기견들이다. 오랜 기간 사람들의 보살핌을 받지 못해 몰골이 엉망이다. 어떤 개들은 털이 다 빠져서 생살이 그대로 드러나 너무 불쌍해 보인다.

과거 1990년대 중국에서는 집에서 개를 키우려면 도시마다 다르겠지만 1년에 일정한 세금을 내야 했다. 이를 내지 않기 위해 몰래 집에서 개를 키우는 경우도 종종 있었다. 그래서 길거리에서 개를 끌고 산책하는 중국인을 보기가 어려웠다. 한 중국 친구도 세금을 내지 않고 집에서 몰래 개를 키우다 이웃 누군가가 고발하는 바람에 벌금을 물기도 했다. 2016년 이제 그러한 법은 사라졌다. 과거와는 달리 중국 각 가정에서도 개를 반려동물로 간주해서 가족과 같이 사랑하고 아끼는 분위기가 점차 늘어나고 있는 추세다. 저녁이 되면 애견을 데리고 산책하는 사람이 상당히 많이 늘었다. 그렇다고 한국처럼 도처에 애완견 숍이 있는 것은 아니다. 개에 대해 특별히 미용을 하거나 하는 정도까지는 아니기 때문이다. 그리고 산책을 하면서 애견이 볼일을 보더라도 주인이 그것을 치우는 장면은 아직은 별로 못 봤다. 그리고 이에 대한 계몽도 아직은 사회적으로 부족하다. 공공 환경을 깨끗이 해야겠다는 개인의 양식에 맡길 수밖에 없다. 진정으로 성숙한 애견 문화가 중국 사회에 젖어 들려면 아직은 상당한 시간이 흘러야 할 것 같다.

★★★

한국과 다른 중국의 은행 시스템

혼동하기 쉬운 환율

오늘날 외국에 유학을 가면 자국의 은행카드를 가지고 외국의 현금 ATM 기기에서 현찰을 인출할 수 있다. 그야말로 편한 세상이 됐다. 하지만 아직도 적지 않은 사람들은 기계를 쓰는 것에 익숙지 않아서 현금을 가지고 와서 현지에서 인민폐로 바꾼다. 돈도 한꺼번에 다 바꿀 필요가 없다. 만약 환율이 낮다면 기다렸다가 자국 화폐 가치가 상승할 때 바꾸면 된다. 2015년이나 2016년 상반기 때와 같이 러시아, 중앙아시아, 한국 화폐 등 환율의 변동 폭이 심할 때 그 나라에서 온 학생들은 예기치 못한 영향을 받기 마련이었다. 어쩔 수 없이 이 학생들은 환율의 하루하루 변동 폭에 민감하지 않을 수 없었다.

어느 날 오후 퇴근 하는 길에 한국 유학생 한 명과 마주쳤다. 매우 실망스운 몸짓으로 무슨 고민이 있는 듯한 표정이었다. 무슨 일인가 물었더니,

"내가 외국인이라고 은행이 나를 속였습니다. 계산을 엉터리로 해줬습니다."

나는 무슨 영문인지를 물었다.

"일전에 제가 한국 상점에 가서 환전을 했는데 환율이 제가 인터넷에서 본 환율과 비슷했습니다. 오늘 상점이 문을 열지 않아 은행에 가서 환전했더니 제가 생각했던 것 보다 인민폐를 적게 내줬습니다."

서울 명동에 가보면 도처에 환전을 해주는 개인 환전소가 있듯이 이곳 중국의 중소 도시에도 명동만큼은 아니지만 한국 상점에 가면 한국 돈이나 미국 달러를 주고 인민폐로 바꿀 수 있다.

"제가 은행 전광판에 나와 있는 파는 가격이 매입 가격보다 높은 것을 틀림없이 보았는데, 돈을 환전하고 나니 매입 가격으로 계산해서 돈을 바꿔줬습니다. 저는 틀림없이 달러

를 파는 것이라 은행 창구에서 당신들이 계산을 잘못했다고
했더니 오히려 그들은 틀림이 없다고 합니다. 제가 외국인이
라고 우습게 보고 속인 것 아닙니까?"

　무슨 상황인지 금방 이해됐다. 내가 처음 한국에 가서 인
민폐를 한국 돈으로 바꿀 때도 유사한 상황이 전개됐다. 한
국의 은행 게시판에 보면 인민폐를 파는 가격은 사는 가격
보다 낮게 돼 있다. 간단히 말해서 내가 인민폐를 은행에 판
다면 인민폐 1위안에 한국 돈 168원을 받을 수 있다. 반대로
내가 인민폐를 은행에서 구입한다면 1위안당 172원의 한국
돈이 필요하다. 한국의 은행에서 말하는 외국돈 파는 가격과
사는 가격은 고객의 입장에서 말하는 것이다. 하지만 중국
의 경우 환율 게시는 반대로 은행 입장에서 게시해 놓는다.
고객이 은행에서 미국 돈 1달러를 매입하는 경우 은행은 매
출가로 인민폐 6.3위안으로 게시하고 반대로 고객이 은행에
미국 돈 1달러를 팔 때에는 매입가 인민폐 6.1위안으로 게시
한다. 이 한국 학생은 한국의 은행 방식으로 계산해서 자신
이 미국 달러를 팔았으니 응당 높은 가격으로 게시돼 있는
파는 가격으로 계산했지만 사실 중국에서 파는 가격이란 은
행이 고객에게 외환을 파는 가격을 의미한다. 이 학생의 경
우 자신은 외환을 팔았지만 중국의 은행 입장에서 보면 외

환을 구입한 것이기 때문에 파는 가격보다 당연히 낮은 가격으로 계산해준 것이다. 이러한 차이점을 학생에게 설명을 해주자 그제야 이해하는 눈치였다. 잘못된 이해를 가지고 사건의 의미를 너무 확대하거나 자신이 잘 몰라서 발생한 오해를 마음대로 자기가 옳다는 식으로 단언해서는 안 된다는 내용을 이 학생에게 깨닫게 해주고 싶었다.

TIP ★★★

외국에서 생활하다보면 어떻게 해서든지 돈을 절약하기 위해서 환전을 할 때 약간의 이익이라도 취하고 싶은 마음은 인지상정이다. 지금은 중국의 은행에서도 비교적 자유롭게 환전할 수 있고 은행을 가지 않더라도 한국인이 경영하는 상점에 가면 얼마든지 손쉽게 외환을 바꿀 수 있다. 지금은 많이 없어졌지만 과거에는 개인적으로 돈을 환전해주는 암달러 상인이 있었다. 자신이 달러를 갖고 있고 이를 중국 돈으로 환전하는 입장에서 조금이라도 더 이익이 되도록 암달러 상인을 찾는 경우도 있었다. 심지어는 은행 앞에서 암달러상이 손님을 기다리고 있다가 외국인이 가면 접근해서 먼저 거래를 유도하기도 했다. 처음 이 광경을 보았을 때는 도저히 이해가 되지 않았다. 은행 앞에 서 있는 암달러상의 모습이 도저히 납득이 가지 않았기 때문이다.

그런데 암달러상한테 환전하는 과정에서 피해를 보는 유학생이 생겨났다. 달러를 주면 그들은 중국 돈을 건네주는데 지폐를 교묘하게 이중으로 접어서 10장이 안 되는 지폐가 마치 10여 장같이 보이도록 속이는 수법도 있었고, 가짜 지폐를 섞어서 주기도 했다. 결국 약간의 이익을 바라다가 더 큰 손실을 보는 경우가 심심치 않게 발생했다. 그래서 나는 학생들을 인솔해 중국을 방문할 때 반드시 이 점에 주의를 줬다. 좀 손해 보는 듯한 기분이 들더라도 은행에 가서 정식으로 환전하라고 거듭 당부하는 것이다.

★★★

한국과 다른 현금인출기 시스템

"선생님, 제 은행카드가 없어졌어요. 어떻게 하죠?"
사무실로 한국 유학생 한 명이 찾아왔다.
"무슨 은행카드?"
"농업은행 카드예요."
'농업은행(農業銀行)'이라는 단어를 듣고 머리가 아파졌다. 중국은행(中國銀行)이나 공상은행(工商銀行)이라면 몰라도 농업은행은 외국인들이 은행카드를 잃어버렸을 경우 처리 수속이 꽤나 골치 아픈 은행이다. 그뿐만 아니라 농업은행은 외국인들 업무를 처리할 때 여권뿐만 아니라 공안부문에서 발급하는 증명서를 요구한다.

"어떻게 잃어버린 거예요? 어디서? 언제?"

"방금 도서관에 설치된 현금인출기에서 잃어버렸어요. 돈을 인출하고 카드는 깜빡 잊고 그대로 놔둔 채로 숙사로 돌아갔어요. 나중에 다시 가보니 카드가 안 보이더라고요. 카드 안에는 아직 돈이 꽤 남아 있는데요."

"얼마 남아 있는지 기억해요?"

"예, ○○위안 남아 있어요."

"걱정할 필요 없어요. 카드 안에 돈이 남아 있어도 잃어버리지 않아요. 다른 사람이 가져가더라도 비밀번호가 없으면 돈을 인출할 수 없어요. 돈을 또 인출하려면 다시 비밀번호를 입력해야 하니까요. 만약 카드가 꽂힌 채로 그대로 방치돼 있다면 현금인출기가 자동적으로 카드를 기계 안으로 집어넣게 돼 있어요. 그러니까 돈은 절대 잃어버릴 수 없어요."

나의 말을 듣고 그 학생은 안심하는 눈치였다. 나는 농업은행 고객 센터에 전화를 걸어 은행카드 분실신고를 했다. 그리고 현금인출기를 정리하는 시간이 언제냐고 물었다. 만약 그 기계 안에 은행카드가 그대로 들어 있다면 관할 은행에 가서 카드를 회수할 수 있기 때문이다.

"우리나라에서는 학교 안에 설치돼 있는 현금인출기에서

이런 문제가 생길 경우 학교 내 은행에 전화를 걸면 근무자가 금방 달려와서 처리해주는데요."

학생은 이곳 은행들의 처리 속도에 불만스러운 눈치였다. 나는 그저 웃기만 했다. 매일 농업은행에 전화를 건 지 4일 만에 드디어 담당 직원이 학교의 현금인출기에 와서 학생의 카드를 발견했다. 나는 이 소식을 전해주고 중국 학생 도우미와 함께 은행에 가서 은행카드를 찾아오라고 했다. 이런 경우는 그런대로 다행인 편이다. 어떤 러시아 학생은 길에서 소매치기를 당해 은행카드를 다시 발급받는 데 엄청나게 많은 시간과 노력을 들여야 했다. 내가 한국에 있을 때 그 학생과는 반대로 인출기에서 돈을 찾다가 카드는 회수하고 오히려 돈은 그대로 놓아두고 자리를 뜬 적이 있었다. 뒤에 있던 학생이 나를 불러 세웠다. 하마터면 큰 바보짓을 할 뻔했었다. 한국과 중국은 인출시스템이 다르다. 한국의 인출기는 먼저 카드가 튀어나오고 그다음 현금을 꺼낼 수 있도록 하는데, 중국에서는 먼저 현금이 나오고 그다음 카드가 튀어나오는 방식이다. 아마 그 한국 학생도 평소 한국에서 하던 습관대로 하다가 실수한 것 같았다. 자기가 생활하고 있는 외국의 시스템에 빨리 적응하는 수밖에 없을 것 같다.

　　최근까지도 나는 중국 5대 은행 중 하나인 중국
은행에 대해 별로 좋은 인상을 갖고 있지 않다. 첫째, 직원들이 상
당히 불친절하다. 이 문제는 아마 상대적인 문제일 수 있다. 우리
나라의 은행을 가보면 은행 직원들의 태도나 서비스는 최상급이
다. 개인적으로 우리나라 은행의 친절도가 세계에서 제일 제이 정
도 간다고 자부한다. 집중적으로 고객이 몰리는 시간을 제외하고
는 업무처리도 상당히 빠른 편이다. 하지만 중국은행의 경우는 일
단 직원들의 표정이 무표정이다. 웃는 낯을 별로 본 적이 없다. 적
어도 내 경험으로는. 가슴에는 분명 친절, 미소 등의 글자가 새겨
져 있지만 이와는 딴판의 서비스를 경험하는 경우가 많았다. 무엇
을 물어봐도 퉁명스러운 태도가 일반적이어서 선뜻 물어보기도
망설여진다. 더군다나 외국인일 경우 의사소통 문제도 있어 그들
의 서비스 태도로 인해 받는 스트레스는 배가할 것 같다. 한번은
은행 업무를 안내하는 직원한테 도움을 요청한 적이 있는데 너무
나 불친절한 태도에 항의하기도 했다. "당신네 패찰에 분명 '친절'
이라고 쓰여 있지 않느냐" 하면서 당차게 따져 물었다. 그랬더니
상대방은 아무 말도 하지 못했다.

　둘째, 고객들이 기다리는 시간이 너무 길다. 간단한 업무 때문
에 은행을 방문했는데 3시간씩이나 기다린 적이 있다. 한두 시간
은 보통이다. 요즘엔 그래도 많은 업무가 전산화되고 별도의　기

계로 처리할 수 있는 시스템이라 전처럼 오래 기다리는 경우는 줄어들었다. 하지만 어떤 업무는 반드시 창구에 가서 해결해야 할 경우가 있다. 이런 경우에 대비해서 은행 업무가 개시되기 직전 미리 가서 대기하는 방법을 써야 한다. 이러한 경험은 나뿐만이 아니다. 너무나 불편한 시스템인 데다가 불친절하기까지 해서 유학생들이 학교 지정 거래 은행을 바꿔달라고 학교에 요청한 적도 있다고 한다. 여러 가지 이유로 학생들의 요구사항이 관철되지는 못했다. 서비스 정신에서만큼은 한국이 최고라는 자부심이 저절로 생긴다. 중국에서 가르쳤던 제자들이 한국을 처음 방문했을 때의 인상을 나에게 이야기해줬다. 비행기를 내려서 인천공항 전용 고속도로를 달려 자동차 통행료를 내는 곳에 도착했는데, 근무하는 분들이 웃는 얼굴로 매우 친절하게 인사해서 너무나 좋은 인상을 받았다는 것이다. 서비스 정신을 우리나라 국력의 주요 자산으로 삼아도 될 것 같다.

★★★

적금? 예금?

어느 날 은행에 갔다. 은행 문을 들어서자 약간 나이 든 중년 부인이 직원과 무엇을 열심히 따지고 있는 것이 보였다.

그들의 말투를 봐서 뭔가 좋지 않은 문제가 있는 것 같았다.

그 부인의 중국어 발음과 억양을 들으니 틀림없이 한국 사람이었다. 가까이 다가가서 보니 우리 학교에서 어학을 공부하는 학생이었다. 그쪽도 나를 보고,

"선생님, 저 좀 도와주세요!"

간절하게 도움을 청했다.

"예, 무슨 문제가 있나요?"

"제가 돈을 저금했는데 직원이 실수했나 봐요."

부인의 언성이 다소 높아졌다.

"저분이 돈을 저금한다고 해서 원하는 대로 해드렸어요. 저는 잘못한 게 없어요."

직원이 답답하다는 듯한 표정을 지으며 대답했다.

"지난달 제가 돈을 저금하러 와서 특별히 '춘첸(存錢, cun qian: 돈을 저금하다)'이라고 써서 저 직원에게 주면서 매달 조금씩 저축을 해서 3년 후 찾겠다고 말했습니다."

"왕 선생님, 지난번에 저분이 와서 '춘첸'하겠다고 하면서 글로도 써줘 카운터에서는 저분이 요청한 대로 해드렸습니다. 오늘 저분이 나한테 무엇을, 왜 따지는지 모르겠습니다."

이 은행 직원하고 나하고는 종종 인사하면서 잘 아는 사이다. 보아하니 영문을 모르겠다는 표정이다.

"제가 매달 조금씩 저축을 해서 나중에 한꺼번에 찾으려

고 해요. 이번에도 돈을 넣으려고 왔는데 3년 후 돈 찾으려고 하는 날짜가 어떻게 해서 지난번 통장에 쓰여 있던 돈 찾는 날짜하고 다른가요?"

학생은 다급하다는 듯 한국어로 나에게 말했다. 나는 학생의 말을 직원에게 통역을 해줬다. 직원은 갑자기 뭔가 깨달았다는 듯

"아, 매달 돈을 붓고 나중에 한꺼번에 찾는 것을 말하는군요. 매달 매번 3년 정기예금하려는 것이 아니고요."

"'춘첸'한다는 것이 제가 매달 돈을 붓고 나중에 한 날짜에 한꺼번에 돈을 찾는다는 뜻이 아닌가요?"

학생이 나에게 되물었다. 나도 다소 혼란스러워졌다. 은행 직원에게 다시 확인해보았다. 직원은 이해하기 쉽게 설명해줬다.

"'춘첸'은 매달 조금씩 돈을 넣고 나중에 한꺼번에 찾을 수도 있고, 한꺼번에 돈을 넣어놓고 나중에 한 번에 찾을 수도 있습니다. 전자는 매달 일정한 금액을 붓고 후에 약정한 날짜에 한꺼번에 돈을 찾는 것이고, 후자는 일정한 금액을 한 번에 넣고 약정한 날짜에 찾는 것입니다"

나는 다시 이 내용을 한국 학생에게 통역해줬다. 학생은 이제야 알겠다는 듯,

"아, 제가 잘못 알았군요. 전자는 한국에서 정기적금이라

하고 후자는 정기예금이라고 합니다."

TIP

위의 자그마한 사건은 중국은행에서 사용하는 '춘첸'이라는 단어에 대한 명확한 이해가 부족했기 때문에 발생한 것 같다. 우리가 중국어를 배울 때 '저금하다'는 당연히 '춘첸'이라고 배운다. 그러나 은행 직원 말에 의하면 '춘첸'에는 두 가지가 있다. 그 하나는 '링춘정취(零存整取, ling cun zheng qu)'라는 것인데 즉 '매달 정기적으로 일정 금액을 넣고 약정된 날짜에 찾는 것'이다. 또 다른 하나는 '정춘정취(整存整取, zheng cun zheng qu)'인데 즉 '한 번에 일정 금액을 저금하고 나중에 정해진 날짜에 찾는 것'이 있다. 전자가 한국의 적금에 해당되고 후자는 정기예금에 해당된다. 따라서 중국의 은행에 가서 적금을 하든 정기예금을 하든 이에 대해 명확히 밝혀줘야 위와 같은 오해가 벌어지지 않는다. 위의 내용을 종합해보면 한국 학생은 3년 후 귀국 예정에 맞추어 3년 만기의 적금을 하려고 했던 것 같다. 적금을 하면서 명확히 '링춘정취(정기적금)'인지 '정춘정취(정기예금)'인지를 밝히지 않아서 문제가 생긴 것이다. 중국 사정에 웬만큼 익숙하기 전에 사실 이에 대해 구별하기란 쉽지 않을 것이다. 단어 자체도 일반 교재에서 배울 수 있는 내용도 아니다. 처음 학생이 가서 저금을 한다고 하니까 은행 직원은 3년 후 찾는 정기예금으로 알고 저금한 날 3년 후 날짜를 만기일로 해 둔 것이다. 다음 달 학생은 두 번째 달분 적금을 입금하러 갔지만 은행 직원은 이를 또 다른 정기예금으로 오해하고 그 날짜부터 3년 후를 정기예금 만기일로 해서 작은 소동이 벌어진 것이다.

★★★

한국 여학생들의 미모

미녀는 추위를 무서워하지 않는다

산둥(山東) 지역은 11월이 되면 초겨울이 된다. 중국의 공공기관은 지정된 날짜에 단체로 난방 시스템이 가동된다. 난방이 시작되기 전 며칠 동안은 더욱 춥게 느껴지기 마련이다. 동남아와 한국에서 온 유학생 몇 명이 사무실에 와서 너무 추우니 어떻게 했으면 좋겠냐고 물었다. 기숙사 안에서 전열 난방기를 쓰면 안 되겠냐고 했다. 학교에서 학생들에게 일괄적으로 동일한 난방시설을 제공하니까 개별적으로 절대 사지 말라고 주의를 줬다. 왜냐하면 품질 기준에 불합격된 전열기를 잘못 샀다가 많은 사람이 모여 사는 기숙사에서 자칫하면 큰 사고가 날 수 있기 때문이다.

11월 15일 드디어 단체로 난방을 공급하는 날이 됐다. 실내가 매우 따뜻해졌다. 그런데 한국 여학생 한 명이 찾아와서는 몸을 감싸쥔 채로 말했다.

"선생님, 기숙사하고 교실 안이 너무 춥습니다."

나는 그 여학생을 위아래로 쫙 살펴봤다. 때가 이미 초겨울이라 일반 중국 사람들은 안에 내복을 입고 겉에는 두터운 털옷을 입을 때다. 하지만 이 여학생은 슬리퍼에 면양말을 신고 맨살의 치마 차림이었다. 윗옷으로는 헐렁한 털옷을 입었는데 품에는 작고 얇은 담요를 끌어안고 있었다. 그 학생을 본 순간 할 말을 잃었다. 그런 옷차림으로는 당연히 추울 수밖에 없다.

중국에서는 겨울이 됐다고 모든 지역에 난방이 제공되는 것은 아니다. 여기서 말하는 난방 공급은 정부가 일정 경비를 지원해주는 지역난방을 말한다. 1950년대부터 국가에서는 국토를 둘로 나누어 난방선(暖房線)을 정하고 난방 공급 날짜를 규정해 난방선 이북 지역에 난방을 공급했다. 지역에 따라 난방 개시 날짜는 다르다. 난방선 이남은 난방을 제공하지 않는다. 최근 이상 기후의 영향으로 중국 남부지역에서도 기온이 떨어지는 상황이 생기고 있지만, 난방시설이 돼 있지 않기 때문에 스스로 알아서 난방을 해결하는 수밖에 없다.

산둥성 지역의 난방 시작은 11월 중순부터 시작해서 다음 해 3월 중순까지이다. 난방 설치와 공급은 일반적으로 난방 회사가 실시하고 사용자는 일정한 금액을 지불한다. 난방 회사와 지역에 따라 난방 공급 파이프도 달라서 난방 효과에도 차이가 난다. 하지만 난방 회사는 적어도 실내 최저 온도를 18도 이상으로 유지하도록 해야 한다. 중국의 동북 지역이나 한국 일본, 러시아는 난방시설이 잘 돼 있어서 실내에서 홑옷을 걸치고 있다가 외출 시에만 외투를 걸친다고 들었다.

학교 실내의 온도는 이미 18도 이상을 유지하고 있었다. 난방 회사에 다른 요구를 할 수가 없었다. 춥다고 느껴지면 두꺼운 양말과 방한 신발을 신고, 내의를 입고, 또 겉옷 안에 두꺼운 겹바지를 껴입는 등 스스로 추위를 견딜 수 있는 방법을 찾아야 한다.

외국인 기숙사 상황에 대해 나는 비교적 잘 알고 있다. 근무자들이 정기적으로 난방 온도를 측정하고 있으며 난방 회사의 공급도 기준에 부합하니, 이 외국 학생을 어떻게 이해시켜야 하는지 고민이 됐다. 어떤 유학생이 일부러 장난을 친다고 온도계를 창문 밖에 놓았다가 그 온도계를 기숙사 관리인에게 가져가서 방안의 온도가 너무 낮다고 하소연했다고 한다. 관리인이 가서 방안의 온도를 재보니 역시 18도를 유지하고 있었다. 나는 이 학생에게 중국의 난방 정책에 대해 이해시키는 게 옳겠다고 판단해서 친절하게 설명해준 후 충고를 했다.

"로마에 가면 로마의 법을 따라야 하듯이, 추우면 내복도 입고 옷도 좀 더 두껍게 입고 다녀요. 예쁘게 하고 다니는 것도 중요하지만, 겨울에는 특히 따뜻하게 하고 다녀야 해요. 절대로 옷 스타일 때문에 내 몸을 춥게 해서는 안 됩니다. 나중에 나이가 들면 온갖 병이 다 올 수 있어요."

그 학생이 내 충고의 의미를 제대로 파악하고 받아들였는지 모르겠다.

★★★

TIP

　　　　중국의 대학 기숙사는 겨울에 비록 난방이 제공되더라도 한국 대학 기숙사만큼 그렇게 따뜻한 편은 아니다. 뜨거운 물 공급도 매우 제한적이다. 이런 환경에 있다가 한국 대학에 교환학생이나 편입생으로 오는 학생들은 겨울에 한국 학생들이 기숙사에서 반팔 소매를 입고 돌아다니는 것을 보고 놀란다. 그만큼 한국 대학의 기숙사 난방시설은 잘 돼 있는 편이다. 학교 기숙사 뿐 아니라 한국 대부분의 공공건물은 중국에 비해 난방시설이 잘 돼 있다. 겨울에 아무리 추워도 밖에 있다가 건물 안으로 들어오면 금방 몸이 따뜻해짐을 느낄 수 있으니 한국 사람의 겨울 옷차림은 중국 사람에 비해 매우 간단한 편이다. 중국에서 겨울이 되면 견디기 힘든 지역은 북쪽 지역이 아니라 오히려 공식적으로 난방이 제공되지 않는 남쪽 지역이다. 황하와 양자강 사이에 있는 화이허강(淮河)을 기준으로 북쪽으로는 공공건물에 난방이 제공되지만 그 남쪽으로는 난방이 기본적으로 없다. 기온으로 보면 영상 7~8도밖에 안 되는데 건물 안에 난방이 제공되지 않으니 밖에서나 건물 안에서나 항상 으슬으슬해서 참기가 힘들다. 그래서 겨울에 중국 남쪽 지역을 가면 기온에 비해 사람들이 두꺼운 옷을 걸치고 다닌다.

그런데 한국 여성은 겨울에 아무리 추워도 자신의 몸을 추위로부터 보호하려는 옷차림이 다소 미약한 편이다. 아주 추운 날씨에도 '저러다가 얼어 죽지 않겠나' 하는 걱정이 들 정도의 옷차림을 하는 여성이 적지 않다. '메이리둥런(美麗動人, mei li dong ren)'이라는 말이 있다. '둥런(動人)'은 '마음을 움직이다' '감동시키다' 등의 뜻이다. 그래서 이 말의 원래 뜻은 '사람의 마음을 감동시킬 정도로 예쁘다'라는 뜻이다. 그런데 아무리 추워도 옷의 스타일을 신경 쓰느라 추위에 벌벌 떨면서도 일부러 두꺼운 옷을 입지 않는 여성에 대해서도 '메이리둥런'과 똑같은 발음의 신조어가 생겼다. 이를 '메이리둥런(美麗凍人)'이라고 한다. '둥(動)'이 '둥(凍)'으로 한 글

자만 바뀐 것인데 뜻이 이렇게 달라진다. 직역을 하면 '아름다움이
사람을 얼린다', 즉 '아름다움을 추구하다가 사람 얼어 죽겠다'라
는 뜻이 된다.

─────────────────────────────────────── ★★★

진화하는 한국 여학생의 미모: 누구시죠?

중국 대학은 기본적으로 학년 단위로 등록을 한다. 외국
에서 온 학생은 학기별로 등록할 수 있다. 매번 등록할 때마
다 학생 본인이 유학생 사무실에 와서 각종 수속을 해야 한
다. 그러면 나는 학생의 여권, 주소, 연락처, 학적 등의 사항
을 살펴보고 학생 본인이 맞는지 여권 사진과 견주어 확인
한다.

어떤 한국 여학생은 매 학기마다 나에게 깊은 인상을 남
겼다. 그 학생이 매번 등록할 때마다 처음 봤을 때와는 다르
게 뭔가 좀 이상하다는 느낌을 줬다. 학생 본인, 학생증 사진,
여권 사진의 차이가 너무 컸기 때문이다. 학생증 윗면에는
학교 직인이 찍혀 있고 그 위에는 처음 입학할 때의 사진이
붙어 있다. 작은 눈, 쌍꺼풀이 없는 눈, 약간 가라앉은 코뼈,
둥근 턱, 하얀 피부의 사진 속 얼굴은 비록 예쁘지는 않지만

매우 귀엽고 순진한 인상을 풍겼다. 두 번째 학기를 맞이했을 때, 그 여학생의 눈은 쌍꺼풀이 있는 큰 눈으로 변해서 왔다. 그녀의 이름을 불렀을 때 내가 사람을 잘못 기억하고 있는가 하는 의심이 들 정도였다. 옆에 있던 학생이 그녀의 처음 사진을 보려고 하자 황급히 손으로 가렸다.

또 한 학기가 지났다. 등록하러 온 그 학생의 여권이 바뀌었는데 여권 사진도 당연히 다른 사진이었다. 이번 사진 속 얼굴은 뾰족한 턱에 약간 달걀형 얼굴로 변한 것 같았다. 전형적인 미인형 얼굴인데 요즘 소위 말하는 '인터넷에서 뜨는 얼굴[왕홍롄網紅臉, wang hong lian]'이었다.

또 한 학기가 흘렀다. 이번 학기에 다시 와서 등록할 때는 그 학생을 거의 알아보지 못했다.

"학생, 누구예요? 정말 그 이미녀 학생 맞아요?"

"선생님, 저예요."

부끄러운 듯 그 학생이 대답했다. 이번에 보는 얼굴은 높아진 콧대였다. 나는 한국의 성형 기술과 이 학생의 끊임없는 미(美)의 추구에 놀랐다. 내가 그 학생이라고 알아볼 수 있는 유일한 근거는 그녀의 하얀 피부였다.

이와 같은 한국 학생이 적지 않다. 심지어 어떤 눈 작은 아버지는 딸이 자신을 닮아 눈이 작은 것에 미안한 나머지 눈 확대 시술을 해줬다는 이야기도 들렸다. 최근 들어 중국인도 한국에 성형 관광을 많이 가는 것으로 알고 있다. 내 친구 중에도 전문적으로 이와 관련한 비즈니스를 하는 이도 있다. 중국의 춘제(春節, chun jie: 음력 정월 초하루로 중국 최대 명절이다) 기간에 텔레비전 프로그램에서 한국 성형에 관한 소재가 많이 등장한다. 한국 성형 기술의 영향력이 그만큼 크다는 것을 느낀다.

중국에서는 신분증 사진을 찍을 때 본연의 얼굴인 민낯으로 찍어야 한다. 화장을 하거나 웃으면 안 된다. 그래서 많은 여성은 다른 사람이 자신의 신분증을 들여다보는 것을 꺼린다. 출국하기 위해 여권 사진을 찍을 때도 마찬가지다. 그런데 외국인의 여권 사진을 보면 중국과 달리 화장을 해도 되는 것 같다. 신분증이 분실돼 새 신분증을 신청할 때도 그 규정이 엄격하다. 중국 경찰서에서는 원래의 사진을 다른 사진으로 바꾸는 것을 웬만해서는 허용하지 않는다. 특히 원래의 사진보다 더 예쁘게 나왔을 경우에는 더욱 그러하다. 그런데 성형 미인으로 거듭난 그 한국 여학생의 경우를 볼 때 한국에서는 마음대로 여권 사진을 바꾸어도 되는가 보다. 여권 발행 부서에서도 자신의 아름다움을 다른 사람에게 보여 줄 수 있도록 다른 사진을 붙이는 것도 허용하는 것 같으니 말이다. 한국은 중국에 비해 아름다움을 숭상하는 나라임에 틀림없다.

TIP

한국의 성형 기술 수준은 세계적으로 높다고 정평이 나 있다. 그래서 성형 관광객 특히 중국에서 많은 사람들이 한국에 와서 성형수술을 받고는 했다. 이를 위해 규모가 비교적 큰 병원에서는 특별히 중국어 통역을 고용했다. 유명 성형외과 병원들은 예약을 받아 시술하지만 상당한 시간을 기다려야 한다. 실제로 중국인 지인이 자기 딸의 쌍꺼풀 수술을 위해 서울 강남의 모 성형외과에 예약을 부탁했다. 문의를 해보니 예약을 하고 실제 시술이 이루어지기까지 상당한 시간을 기다려야 했다. 그 기다리는 기간이 너무 길어서 결국은 포기하고 말았다. 중국은 한국에 비해 출국이 약간 까다로운 편이라 시술 날짜를 위해 출국 날짜를 정확히 맞춰야 한다. 사전 예약은 필수 조건이다. 과거 몇 년 동안 한국 성형에 대한 신뢰도가 매우 높았던 것은 사실이다. 중국 거리에 다니다 보면 중국 병원이지만 한국식 성형수술과 관련돼 있음을 암시하는 광고를 쉽게 접할 수 있었다.

최근 이러한 흐름에 반작용이 나타났다. 언론매체에서도 이미 보도된 사실이지만 중국 관광객 대상 성형수술이 일부 돈에 눈이 어두운 미자격자들에 의해 엉터리 시술도 행해지고 있어 큰 문제거리로 부상했다. 성형수술 부작용의 사례도 몇 차례 발생했다. 이러한 부작용 사례는 중국 내에서 한국 드라마나 가요 등 한국 문화 전파에 부정적인 생각을 갖고 있는 혐한(嫌韓: 한국 문화·한국인 등을 싫어하는 감정) 계층에는 아주 좋은 소재가 될 수 있다. 가뜩이나 중국 젊은 층 사이에 한국 문화가 지나치게 범람하고 있다는 위기의식을 갖고 있는 데다 한국의 의술까지도 중국 사회를 파고드는 것에 대해 절대로 좋은 생각을 갖고 있을 수는 없을 것이다. 게다가 한국 성형수술에 대해 중국 매체에서는 부작용과 관련된 기사를 대대적으로 보도하기도 했다. 이러한 기사는 비록 소수의 사례라 할지라도 일반 대중들에게 커다란 반향을 일으켜서 단순히 성형수술의 부작용으로만 인식되는 것이 아니라 한국 성형수술의 객관적 위상과 평가에도 치명적인 영향을 미친다. 그래서 그런지 요즘 한국에 성형수술을 위한 중국 관광객은 급감하고 있는 것 같다. 물론 우리나라의 사드(THAAD) 배치 문제로 중국이 의도적으로 한류나 경제적 교류를 위축시킨 것도 작용했다. 내 주변에서도 전에는 중국 친구들이 한국 성형수술의 선진성에 대해 많은 이야기들을 하곤 했는데, 요즘에는 관련 주제에 대해 언급하는 것을 거의 듣지 못했다.

★★★

초대형 화장품 케이스

최근 중국 경제가 발전함에 따라 중국 대학교의 기숙사도 하드웨어나 소프트웨어가 크게 개선돼 어떤 대학들은 외국 학생도 중국 학생 기숙사에서 살고 있는 경우가 있다. 하지만 대부분의 대학에서는 유학생 기숙사와 중국 학생 기숙사는 분리돼 있다. 중국 생활에 쉽게 적응할 수 있도록 유학생 기숙사에는 여러 가지 편리한 시설과 설비를 제공한다. 또한 수시로 거주환경 개선을 위해 노력하고 있다. 내가 재직하고 있는 대학도 유학생 기숙사를 새롭게 단장했다. 리모델링이 끝난 후 다시 유학생들이 무사히 숙사로 이사할 수 있도록 근무자들이 함께 도왔다. 그런데 한 직원이 일하다 말고 무언가에 놀란 듯 부단히 감탄사를 연발하고 있었다. 궁금해져서 그 연유를 묻자,

"이렇게 웅장한 화장품 케이스를 본 적이 없어요."

한 근무자가 그 크기가 엄청나다는 듯 손짓으로 설명했다.

"화장품 케이스?"

나는 평소 그저 기초화장 정도만 한다. 나이가 들어감에 따라 간혹 내 자신을 꾸밀 때도 있지만 말이다. 하지만 화장 세트 상자는 볼터치, 립스틱, 아이펜슬 같은 것을 담는 자그마한 휴대용 상자 정도 크기가 아니던가.

"화장품 케이스가 크면 또 얼마나 크겠어? 당신도 화장을 하니 잘 알텐데?"

요즘 젊은이들은 자신을 꾸미는 데 많은 노력을 기울인

다. 이 젊은 근무자도 엷게 화장을 하고 있었다.

"이 한국 학생과 어떻게 감히 비교해요? 그야말로 공자 앞에서 3자경(중국의 중·소학교 어린이를 위한 전통 계몽 교재)을 읽는 격이에요. 이 학생 화장품 케이스는 정말 엄청나요."

이 말을 듣고 나도 그 한국 여학생의 화장품 케이스가 얼마나 큰지 궁금해졌다. 유학생들은 새 방을 정리하느라 정신 없었다. 나는 각 층별로 무엇이 필요한지를 파악하면서 동시에 그 학생 방을 살펴보기로 했다. 방문이 열려 있고 화장품 케이스가 책상 위에 놓여 있었는데 정말로 엄청나게 큰 상자였다. 그림을 그리는 사람의 도구함과 거의 비슷한 크기였다. 사각형 상자 안은 여러 층의 투명한 플라스틱으로 돼 있는데, 안에는 온갖 종류의 화장품이 담겨 있었다. 이전에 인터넷에서 '판빙빙(范冰冰)'이라는 영화배우의 화장용 도구를 본 적이 있는데, 그 규모에 감탄을 금치 못하며 '전문적으로 화장해야 하는 사람은 역시 다르구나'라고 생각했었다. 그런데 이 한국 여학생의 화장품 케이스를 보고 또다시 놀라지 않을 수 없었다. 한국 사람들은 아름다움을 위해서라면 정말로 많은 돈과 시간과 노력을 아낌없이 투자한다는 생각이 들었다.

한국 여학생과 중국 여학생은 자신을 위한 투자에 여러 차이를 보인다. 그중 하나가 한국 여학생은 확실히 미용이나 화장에 대해 중국 여학생보다 훨씬 많은 투자를 한다. 중국 여학생은 대학을 졸업할 때까지 기초화장 외에는 거의 화장을 하지 않는 편이다. 그래서 상대적으로 한국 여학생이 화장을 짙게 한다는 느낌을 준다. 하지만 한국에 온 중국 유학생의 경우 중국에서와는 또 다르다. 한국에 처음 올 때는 자연 그대로의 피부가 대부분인데 한 학기가 지나는 동안 커다란 변화를 보이는 것이 일반적이다. 아무래도 한국에 와서 공부하면서 한국 여학생들의 화장에 많은 영향을 받는 것 같다. 그리고 또다시 한 학기가 지나 중국 고향집에 돌아가면 가족들이 많이 놀란다고 한다. 그야말로 몰라보게 예뻐졌다는 것이다. 아무래도 민낯보다는 화장하고 꾸민 얼굴이 좀 더 세련되게 보이기 때문이다. 중국 학생들도 처음에는 한국에 와서 음식 때문에 많은 고생을 한다. 중국에서 그 다양하고 풍부한 음식 문화에 젖어 있다가 한국에 오면 중국에 비해 가짓수도 너무 적고 단출해 보이는 식단 때문에 쉽게 허기진다고 한다. 하지만 대신 얻어가는 것도 있다. 자신을 가꾸고 꾸미는 부분에서는 확실히 커다란 수확을 해 가는 것 같다.

★★★

한국 유학생들 그러면 아니 되옵니다

그놈의 술 때문에

어느 날, 동료 한 명이 약간 비꼬는 듯한 투로 이야기했다.

"네가 담당하는 한국 유학생들 정말 술 잘하던데."

물론 칭찬이 아니었다.

"무슨 일인데? 한국 학생들 술 마시는 것에 대해 말하는 거야?"

"학교 앞 노천 꼬치구이 파는 곳에서 한국 학생들 한 무리가 앉아서 큰 사발에 맥주, 고량주, 브랜디를 섞고 게다가 무슨 담배꽁초 같은 것도 넣어서 돌아가면서 마시는데, 예쁘장하게 생긴 여학생도 아주 잘 마시더군. 모두들 얼마나 마셨는지 어떤 학생은 아예 마시자마자 토하더라고."

"한국 사람들은 술을 섞어서 마시는 걸 좋아해."

나는 달리 할 말이 없었다.

유학생 관련 업무를 한 지 이미 16년여의 세월이 흘렀지만, 유학생에게 무슨 일이 생길까 아직도 마음을 졸이며 산다. 어떤 일은 정말 겁나기도 했다. 예를 들어 갑자기 경찰서나 병원에서 오는 전화, 또는 한밤중에 갑자기 걸려오는 긴급 전화 등이다. 왜냐하면 이런 전화들은 십중팔구 좋지 않은 소식이기 때문이다. 오후에 퇴근해서 휴대폰을 끄고 싶지만 24시간 항상 대기상태로 있어야 하는 것이 내 업무의 기본이다. 언제 어떤 일이 외국 학생들한테 발생할지 모르기때문이다.

한번은 저녁 9시가 넘은 시간이었다. 유학생 기숙사에서 일하는 여직원이 갑자기 전화를 걸어왔다.

"싸움이 났어요. 빨리 와주세요. 제 힘으로는 말릴 수가 없어요."

이어서 무언가 부딪치는 소리가 수화기를 통해 들려왔다. 곧바로 유학생 기숙사로 달려갔다. 현장은 난장판이었다. 싸우던 양측은 이미 뜯어말려진 상태였다. 한국 남학생 몇 명이 학교 밖에서 술을 마시고 기숙사에 들어가다 갑자기 또 다른 한국 남학생하고 시비가 붙은 것이다. 당시 상황이 아주 험악했다고 한다. 술 마신 학생이 시비 붙은 학생한테 술병을 들고 돌진해 사람이 다칠까 봐 기숙사 직원이 온 힘을 다해 그 학생을 끌어안고 나한테 전화를 한 것이다. 시비를 건 학생은 이미 만취상태였다. 이럴 경우 뒤처리는 뒤로 미루고 일단은 잠재우는 것이 가장 좋은 방법이다. 다행히 학생의 친구가 달래서 데리고 들어가줘 사건이 더 크게 번지지는 않았다.

하루는 아침에 출근하자 유학생 기숙사에서 전화가 걸려왔다. 어떤 한국 남학생이 저녁에 돌아오지 않았다는 것이다. 그 학생의 친구에 의하면 경찰한테 잡혀갔다는 것이다. 얼마 지나지 않아 경찰국에서 연락이 왔다. 책임 위치에 있는 선생님이 와서 학생의 신분을 확인해달라고 했다. 내가 경찰서에 가서 보니 우리 학교의 한국 남학생 손에 수갑이 채워져 있었다. 무슨 일인가 물었더니 그는 친구 생일 파티에서 술을 먹고 기숙사로 돌아오던 중 좀 아쉬워서 시내 술집에 가서 술을 마셨단다. 술을 마신 것까지는 기억이 나는데 그 이후로는 생각이 나지 않아서 잘 모르겠다는 것이다. 경찰은 나에게 그 학생이 길거리에서 사람을 구타하는 영상을 보여줬다. 피해자도 그 사람이 자기 자동차를 부숴놨다고 나에게 보라는 것이다. 큰일 났다 싶었다. 벤츠, 그것도 방금

산 차로 아직 정식 번호판도 달지 않은 정말 새 차였다. 배상 금액이 도대체 얼마나 나올지 겁이 났다. 이후의 상황에 대해서는 여기서 생략하겠다.

또 비슷한 상황인데 관련자 또한 한국 남학생이었다. 술에 취해 길에서 행인의 휴대폰을 강탈했다가 마침 그곳을 순찰하던 경찰한테 붙잡혔다. 다른 한국 학생 몇몇이 그 자리에 있었는데 그들은 재빨리 도망쳐서 그 학생 혼자만 붙잡힌 것이다. 결국 경찰서로 끌려가 지문을 찍고 풀려났다. 그렇지만 범죄 기록이 남은 사람이 된 것이다.

기숙사 관리인으로부터 어떤 한국 학생이 다쳤다고 나에게 알려 왔다. 이 학생은 자기가 실수해서 넘어졌다고 하는데, 아무리 봐도 넘어져 다친 상처가 아니어서 연락을 한다는 것이다. 나는 직접 유학생 기숙사로 가서 그 학생을 만났다. 그다지 큰 상처는 아니지만 넘어져 생긴 상처는 아니었다. 자세히 물어본즉 밖에 나가 술 마시다 다른 사람과 싸움이 붙은 건데 자기가 왜 싸웠는지 또 누구하고 싸웠는지 기억이 나지 않는다는 것이다.

유학생 기숙사의 방 하나가 매우 시끄러웠다. 학생들의 항의를 접수한 기숙사 관리인이 그 방으로 달려갔다. 몇몇 한국 여학생들이 얼굴이 온통 벌게져 술 냄새를 풍기는데 책상 위에는 스낵이 놓여 있고 창가에는 미처 치우지 못한 술병이 놓여 있었다. 하지만 이들은 방안에서 절대로 술을 마시지 않았다고 잡아떼었다. 기숙사 규정상 술을 가지고 들어올 수 없게 돼 있었다.

평상시 모범적인 행동으로 많은 사람들로부터 칭찬을 받던 유럽 학생 한 명이 술에 취해 자기 방에서 떨어졌다. 비록 생명은 건졌지만 온몸의 뼈가 골절되는 커다란 부상을 입었다.

아직 열거하지 못한 위와 같은 사례는 아직도 꽤 있다. 이와 같은 사례가 아주 많지는 않아도 또 아주 적다고 할 수는 없다. 게다가 매번 사건이 터질 때마다 매우 쉽지 않은 상황이 잇달았다. 이해가 되지 않는 것은 술에 너무 취하다 보면 추태가 나오게 되고 심지어는 목숨까지 위협받게 되는 상황도 벌어지는데 왜 절제하지 않을까 하는 점이다.

★★★

TIP

다른 나라에서 한국 유학생이 어떻게 생활하는지는 잘 모른다. 하지만 중국의 경우는 이미 근 30년을 왕래하면서 한국 학생들의 각양각색의 행태를 직접 목격했다. 진정한 유학생 신분으로서 그에 걸맞게 열심히 유학 생활에 충실한 학생도 있지만 적지 않은 학생이 일탈하는 것 또한 사실이다. 특히 사건의 주범은 종종 술과 관련되는 경우가 많다. 외국에 따로 나와 있는 입장이라 누가 통제하는 사람도 없다. 하고 싶은 대로 하는 경우가 많다. 술을 먹는 것은 개인의 자유다. 중국인도, 특히 북쪽 사람들은 술이 보통이 아니다. 그런데 중국을 왔다 갔다 하면서 내 나름대로 깨달은 것이 있다. 중국인들은 아무리 취해도 밖에서 만취해 술주정을 부리지 않는다. 또한 그들이 남하고 다투는 것을 적어도 내 주변에서는 본 적이 없다. 우리 스스로 반성해야 할 부분인데 한국 젊은이들이 술 먹고 추태를 부리는 것은 자주 봤다. 실제로 내가 교류하던 중국의 한 대학에서도 한국 학생들의 일탈 행위 때문에 중국 대학교 교수들한테 부끄러운 적이 많았다. 한국 학생들의 유학 생활을 일부분만 보고 이렇다 저렇다 말할 순 없지만, 어쨌든 외국에서의 행동은 특히 더 조심해야 한다. 왜냐하면 외국에 와서 술에 취해 벌어지는 온갖 추태는 한 개인의 문제가 아니기 때문이다. 가령 중국에서 중국 사람이 술을 먹고 추태를 부리면 그것은 한 개인의 문제로 끝나지만, 중국내에서 한국인은 중국 사회 속의 또 하나의 커뮤니티로 인식되기 때문에 한국인 한 명이 실수하더라도 개인의 문제로 치부하지 않는다. 대부분의 경우 그 앞에 '한국인'이라는 수식어가 붙기 마련이다. 그것은 물론 한국에 와 있는 외국 유학생의 경우도 마찬가지다.

★★★

무면허 오토바이 사건

자매학교에서 온 한국 학생이 신문에 보도됐다. 아름답지 못한 소식이었다. 무면허로 오토바이를 운전하다 적발된 것이다. 신문보도를 보고 학교 내에 혹시 운행증이 없는 오토바이가 있는지 긴급히 조사했다. 외국인 기숙사 문 앞에 오토바이 몇 대가 세워져 있어서 매일 수업 시작할 때마다 어떤 학생들이 오토바이를 타는지 주시했다. 만약 오토바이 운행증이 있으면 면허증을 갖고 있는지 검사하는 것이다. 며칠 지나자 정말 적지 않은 문제점이 발견됐다. 해당 학생들에게 운행증이나 면허 없이 운전하는 불법행위가 가져올 수 있는 파장이 무엇인지 알아듣게 설명해줬다. 그리고 정식으로 운행증 및 면허 취득 절차를 밟도록 안내해줬다.

오늘날 중국에서 운행되는 오토바이는 몇 종류가 있다. 경유로 움직이는 일반 오토바이를 비롯해 전기 오토바이, 전동 오토바이 등이다. 이들 중 시속 50킬로미터 이하의 저속도(低速度) 오토바이지만 중량이 40킬로그램을 초과하는 전동 오토바이는 동력 자동차 범주에 들어가기 때문에 필히 면허증을 취득해야 운전할 수 있다. 일본 학생 한 명이 일반 오토바이를 몰고 있었는데, 이 종류의 오토바이들도 당연히 면허증이 있어야 한다. 면허를 신청하려면 구매 영수증 등의 증빙서류가 있어야 하는데 이 일본 학생은 처음 구매할 때 영수증을 받지 않았다. 다시 재발급을 요청했지만 이도 여의치 않았다. 그 학생한테 관련된 법규 등을 설명하자 계속 머리를 끄덕이며 최대한 빨리 처리하겠다고 했다. 후에 그 오토바이가 보이지 않았다. 팔았다는 소리가 들렸다. 학생들이 운행증이 없거나 면허증이 없는 이유는 다양했다.

"선생님, 저는 중고 오토바이를 샀는데 영수증도 없고 오토바이 관련 증명 서류도 없습니다. 아예 면허 신청을 할 수가 없는데 이에 대해 사전에 저한테 말해주는 이가 한 사람도 없었어요. 제 잘못이 아닙니다."

"오토바이를 파는 주인이 이 오토바이는 면허증이 필요 없으며, 다른 사람들도 다 그렇게 한다고 하던데요."

"교통경찰하고 몇 번 맞닥뜨렸는데 안 잡아가던데요. 아무런 문제없다는 뜻 아니에요?"

비록 경찰이 아무런 소리 안 했다고 불법이 아니라는 것을 의미하는 것은 아니며 나중에 진짜로 적발되면 문제가 커지는데 그것의 심각성을 잘 모르는 소리다. 나는 오토바이를 몰 경우 이에 상응하는 법규를 설명하는 것이지 '누가 잘했다 못했다'를 따지는 것은 아니다. 아마 오토바이를 판매한 그 주인도 규정을 잘 몰랐을 것이다. 어쨌든 어서 빨리 규정에 따라 관련된 수속을 하기를 바랐다. 후에 어떤 학생은 아예 오토바이를 팔았고 또 어떤 학생들은 여전히 막무가내 식으로 계속 몰고 다녔다.

자매학교에서 온 어떤 학생은 전동 오토바이를 이제 막 사서 교내에서 몰다가 전신주에 부딪쳐 사망한 사건도 발생 했고, 또 어떤 학생은 시내에서 사람을 치는 바람에 중상을 입혀 거액의 치료비를 물기도 하고, 또 어떤 학생은 오토바 이를 타고 등교하는 길에 자동차를 피하다가 넘어져 다치기 도 하는 등 오토바이 관련 사고가 끊임없이 발생한다. 한편 중국의 많은 도시에서는 오토바이를 가지고 아무 데서나 몰 수 없는 등 엄격한 규정을 적용한다. 중국인들도 이에 대해 잘 모르는 경우가 많으니 하물며 외국인이라면 더욱더 그러 할 것이다.

아무튼 결론적으로 말해서, 주변 사람들이 불법으로 하건 말건 본인이 오토바이를 운전하려면 합법적인 범위 내에서 해야 한다. 혼자 외국에 나와 있는 입장이기 때문에 특히 안 전문제가 가장 중요하다. 수시로 본인이 주의해야지 요행을 바라서는 안 될 것이다.

오토바이가 중국에서 성행하기 전에는 자전거가 대중교통의 대세였다. 지금은 없어진 제도지만 과거에는 자전거에도 등록증이 있었다. 원칙적으로 자전거도 등록을 해야 하는데 실제로 등록하는 사람들은 별로 없었다고 한다. 그래서인지 등록증이 없어서 경찰에 적발되는 자전거도 없었다. 워낙 많은 사람이 그렇게 하니까 불법이 오히려 합법을 비웃는 경우라 할 수 있다. '중국의 교통' 하면 일단 무질서가 연상된다. 신호등은 아예 무시하는 것이 보통이다. 분명 교통경찰이 있는데 적발할 생각도 하지 않고 행인들도 당연히 그렇게 한다는 식이다. 길거리 도처에 행인, 자전거, 자동차들이 뒤엉켜서 온통 혼란스럽다는 인상을 받았다. 이런 무질서한 사회에서 어떻게 사나 싶었다. 하지만 중국을 자주 왕래하다보니 오히려 그런 무질서도 익숙해져서 한편으로는 편하다는 생각이 들기도 했다.

하지만 최근 교통질서에 대해 계몽운동이 벌어져 개선되는 추세다. 특히 베이징 올림픽을 전후로 해서 엄격해졌다. 중국도 이제는 개방사회이기 때문에 외국 사람한테 중국인의 무질서를 보인다는 것이 중국에 대한 이미지에도 영향을 주기 때문이다. 확실히 중국의 길거리를 다니면 과거에 비해 교통질서를 지키려는 노력이 보인다. 신호등도 가능하면 지키려고 애를 쓰고 길 도처에는 과속 탐지기도 있어서 과거에 비해 자동차들도 규정 속도를 준수하려고 한다. 교통뿐만 아니라 사회가 발전하면서 중국도 점차 법 존중이라는 의식도 강해지고 있다는 느낌을 준다. 과거에는 법과는 상관없이 대충대충 넘어가던 부분이 많았다. 지금은 중국 사회도 달라지고 있다. 단지 교통뿐만 아니라 사회 전 영역에 걸쳐 정리 정돈을 하고 있다는 느낌을 강하게 주고 있다. 특히 시진핑(習近平) 주석이 정권을 잡은 이후 사회 전반에 걸쳐 아예 과거 중국의 낙후됐던 의식구조를 바꾸겠다는 강한 의지가 보인다. 중국에 가서 유학하는 학생들도 과거 무질서했던 중국을 생각하면 안 될 것이다. 오토바이 면허증 없이 운전하는 것, 과거 같으면 그냥 넘어갔을 것이다. 하도 많은 사람들이 그렇게 하니까 경찰들도 유야무야 넘어갔던 것이다. 하지만 지금은 다르다. 중국은 물론이고 외국에 가기 전에 어떤 행동에 대한 관련 법규를 사전에 숙지하고 가야 하는 것이 기본이다. 예를 들어 중국에 가서 운전을 한다면 중국의 신호등 체계, 국제면허증 발급 규정 등 운전과 관련된 법규를 사전에 공부해야 할 것이다.

★★★

슬리퍼를 끌고 다니는 학생들

중국 대학의 교실에는 공공 기물 사용 주의사항, 교실 내

정숙, 용모 단정 등의 행동 수칙들이 걸려 있다. 용모 부분에서는 특히 슬리퍼를 신고 교실에 출입할 수 없도록 돼 있다. 하지만 최근 몇 년 동안 특히 여성용 슬리퍼가 일종의 유행이 돼서 너도나도 다들 신고 다닌다. 재질이나 가격도 점차 고급화되고 있어서 신발 가격과 별 차이가 없는 고급 슬리퍼를 교내 밖 외출 시에도 아무 때나 신고 다닌다.

중국의 어떤 대학들은 외국인을 위해 기숙사, 교실, 식당이 함께 있는 경우가 있다. 수업할 때 지각을 하지 않으려고 황급히 슬리퍼를 신고 기숙사에서 그대로 교실로 뛰어오는 외국 학생들이 가끔 있다. 내가 재직 중인 학교는 외국인 기숙사, 식당, 교실이 세 건물로 분리돼 있다. 하지만 한 바퀴 도는데 5분 정도 걸리는 아주 가까운 거리에 있다. 아마도 이런 편리함 때문인지 슬리퍼를 신고 교실에 들어오는 외국 학생들이 있다. 중국 선생님들은 일반적으로 외국 학생들의 옷차림이나 신발에 대해서 특별히 지적을 하지 않는다. 하지만 어떤 때에는 슬리퍼를 신고 다니는 것이 문제가 될 때가 있다.

한번은 한국 남학생들을 데리고 출입국관리소에 가서 거류증 수속을 해야 했다. 원래 오후 2시 15분에 내 사무실에서 만나기로 약속했는데 시간이 다 돼도 나타나지 않았다. 기숙사 관리인에게 연락했더니 학생 2명이 반바지에 슬리퍼차림으로 허겁지겁 달려왔다. 그들의 옷차림이 영 마음에 들지 않았지만 시간이 없어서 할 수 없이 그대로 출입국관리소로 출발했다. 도착을 해서 우리 차례가 됐다. 담당 경찰이 근엄한 얼굴로 어느 나라 학생이냐고 물었다.

"한국 유학생들입니다."

내가 대답했다.

"학생들 중국어 할 줄 알죠? 학생들한테 직접 대답하라고 하세요."

"약간씩은 할 줄 알아요."

나는 학생들에게 직접 말하라고 했다.

"아, 예…… 저는 박서준입니다."

경찰 앞에 앉은 학생이 먼저 자기소개를 하기 시작했다. 경찰은 그 학생을 훑어보더니 눈살을 찌푸리며 말했다.

"민소매 옷에다 반바지, 게다가 슬리퍼, 이 학생들 너무 제멋대로 아녜요? 정말로 공부하러 유학 온 학생들 맞습니까? 당신네 학교, 학생들 마구잡이로 받는 것 아닙니까?"

"너무 급히 나오느라 미처 갈아입지 못한 것 같습니다."

나는 순간 가슴이 철렁했다. 보아하니 일이 꼬이게 생겼다. 출입국관리소는 중국인들이 여권을 신청하는 곳이다. 동시에 외국인들의 거류증을 이곳에서 처리한다. 근무자들은 모두 중국 경찰들이다. 모두들 경찰복 정장을 입고 있다. 다시 말해 매우 엄숙한 곳이라는 의미가 된다. 그 두 학생도 상황이 파악 되었는지 나를 멍하니 쳐다보고 있었다. 나는 경찰에게 죄송하다는 말과 함께 상황을 설명했다. 결국 그 경관은 학생들에게,

"우리는 우리나라에 온 외국인들을 환영하고 존경합니다. 하지만 학생들, 먼저 단정한 옷차림을 하고 격에 맞는 신발을 신고 다시 오세요."

두 학생은 머리를 숙여 자신들의 슬리퍼를 내려다보았다. 우리는 다시 학교로 돌아왔다.

TIP ★★★

언제부터인가 교실 내의 예절이나 옷차림새는 변해가고 있는 것 같다. 내가 대학을 다닐 때만 하더라도 대학생들은 신분에 맞는 옷매무새에 꽤나 신경 썼다. 어떤 때에는 양복 정장을 하고 수업을 듣기도 했다. 오늘날의 젊은 세대는 형식에 얽매이는 문화 자체를 거부하기 때문에 옷차림새도 과거에 비해 매우 자유분방해진 느낌이다. 하지만 최소한의 기본적인 예절은 있어야 할 것 같다. 내가 가르치고 있는 대학에서도 많은 수는 아니지만 간혹 기숙사에서 신고 있던 그대로 맨발에 슬리퍼를 끌고 강의실로 들어오는 경우가 있다. 본인은 편할지 모르겠지만 보

기에 그다지 좋아 보이지는 않는다. 언제부턴가 강의실에서도 모자를 쓰고 수업을 받는 것이 자연스런 풍경이 됐다. 내 대학시절에는 상상도 못했던 모습이다. 과거 전통 예절에 의하면 교실이건 어디건 실내에서는 모자를 벗는 것이 예의였다. 그래서 수업을 하는 동안 이를 규제해야 하나 말아야 하나 늘 속으로 갈등하며 망설였다. 학생들한테 그 이유를 물으니 머리를 감지 않는 날 모자를 쓰고 들어온다는 대답이었다. 아무리 개인의 자유는 존중될지라도 기본적으로 지켜야 할 선은 있을 것 같다. 그 기준은 어느 한 개인이 정하는 것은 아니지만 보편적인 기준선은 있을 것이다. 특히 외국에 나가 공부하는 경우는 더욱더 신경을 써야 할 부분이다. 적어도 외국 현지의 예절 분위기를 파악하고 거기에서 벗어나는 행동은 하지 않는 게 좋다. 적어도 2016년 지금 현재 이 시각까지 중국 대학에서 슬리퍼를 신고 교실에 들어오는 중국 학생은 보지 못했다. 외국에서는 유학생 신분으로 눈에 너무 튀는 행동은 자제해야 한다.

★★★

여기서 야구하면 아니 됩니다

중국 대학의 건물은 주로 교학(敎學) 구역과 생활 구역으로 구성돼 있다. 교학 구역에는 각 단과대학의 사무실과 실험실 그리고 교실이 있고, 생활 구역으로는 기숙사, 식당, 운동장 등이 이에 속한다. 내가 재직하고 있는 옌타이대학(煙台大學) 북쪽 캠퍼스를 예로 들면 약 1만 6,000명 재학생에 21개 단과대학, 7개 강의동, 기숙사 건물 15동, 식당 9곳, 국가 표준규격의 축구장 1개, 실외 운동장 2개, 실내 운동장 1개 등이 있다. 학생들은 학교 운동장에서 농구, 배구, 탁구, 테니스 등을 할 수 있다. 하지만 야구는 할 수 없다. 야구는 중국에서 그리 인기 있는 종목은 아니다.

어느 날, 학교 안전관리 부서의 전화를 받았다.

"선생님, 학교 본부 앞 잔디 구장에 와 보세요. 외국 학생들이 이곳에서 야구를 하면서 잔디밭을 엉망으로 만들고 있습니다. 아무리 말려도 소용이 없습니다."

그럴 리가 없을 텐데, 이런 일은 처음 겪는 사건이다. 한국에서 유학할 때 TV에서 야구 시합 중계를 종종 본 적이 있다. 한번은 한국 교수분이 같은 반 친구들에게 함께 야구 시합을 보러 가자고 했다. 나는 가지 않았지만 갔다 온 학생 말에 의하면 현장에서 야구를 보니 정말 대단하더라는 것이다. 모두들 큰 소리로 응원을 하는데 자신도 모르게 따라하게 되는 군중심리의 흥과 열기를 실감했다는 것이다.

학교 안에 잔디밭은 꽤 많은데 대부분 나무숲에 있는 잔디들이지 널찍한 잔디밭이 아니다. 우리 학교 잔디밭은 다른 잡식물이 섞여 있는 곳이 아니고, 평시에는 주로 새들만 날아와서 노니는 그런 순수한 녹지대다. 황급히 현장으로 달려갔다. 가서 보니 한국과 미국 학생이 손에 야구 글러브를 끼고 한 명은 공을 던지고 한 명은 공을 받고 있었다. 옆에는 야구방망이가 놓여 있었다.

"여기서 뭐 하는 거예요?

나는 그들 가까이 가자마자 물었다.

"저희 여기서 운동하는 건데요."

"이곳은 운동장도 아니고 마음대로 들어와서 밟으면 안 되는 곳이에요."

"예?"

"안전요원이 하지 말라고 하지 않았나요? 그런데도 계속 이렇게 하고 있으면 어떻게 해요?"

"우리한테 와서 뭐라고 하는 것 같은데 무슨 소리인지 잘 알아들을 수가 없었어요."

이해가 갔다. 왜냐하면 안전요원 대부분이 타지역에서 온 사람들이라 표준어를 제대로 구사하지 못하기 때문에 학생들이 말을 잘 알아듣지 못하는 게 당연했다.

"어서 나와요. 막 비가 와서 땅이 미끄러워 잘못하면 넘어지기 쉬우니까."

다행히 그 이후로 잔디밭에서 야구를 하는 외국 학생들은 없었다.

TIP ★★★

땅덩이도 넓은 데다 56개의 다민족이 어우러져 사는 중국에는 지역방언이 매우 많다. 지역에 따라 서로의 소통이 안 될 정도로 그 차이가 매우 심하다. 내가 중국을 여행할 때 심지어는 같은 행정구역인데도 강을 하나 두고 말이 또 달라지는 경우도 꽤 있었다. 그래서 보통화라는 표준어를 정해서 전국적으로 모든 사람이 소통할 수 있도록 하고 있다.

보통화는 베이징과 중국 동북지역의 언어 및 어법을 중심으로 구성된 언어다. 오늘날의 중국인은 어릴 때부터 보통화를 배우기 때문에 아주 나이 많은 세대를 제외하고는 의사소통에 커다란 문제가 없다. 대학교를 졸업할 때도 보통화 시험을 통과해야 한다. 하지만 사람에 따라 교육정도에 따라 또는 천성적인 언어감각이 둔해 정확한 보통화를 구사하지 못하는 경우도 상당하다. 또한 틀림없이 보통화를 사용하기는 하는데 자기 출신 지역의 억양이 강하게 들어가는 사람도 꽤 많다. 이런 경우 중국인끼리는 별 문제가 안 된다. 서울 사람이 경상도나 전라도 말을 알아듣는 정도에 해당하니까. 문제는 외국 사람의 경우다. 특히 중국어를 현재 배우고 있는 과정에 있는 학생들은 아주 정확한 교과서식 중국어를 익히고 있기 때문에 자기가 배운 발음이나 표현에서 조금이라도 벗어나면 알아듣지 못하는 상황이 종종 벌어진다. 물론 오랜 세월을 하다보면 자연스레 익숙해져서 알아듣는 부분이 점차 늘어갈 것이다. 중국어를 30여 년은 했으니 내 나름대로 오래한 거지만 어느 곳을 처음 방문하면 그곳 지역의 억양이 섞인 보통화를 말하는 사람과 대화할 때 애를 먹는 경우가 많았다. 낯선 지역에 가면 어느 정도 시간이 지나야 서서히 그 지역 억양에 익숙해지게 되지만 지금 초·중급 단계의 중국어를 배우고 있는 학생들한테는 그것이 쉬운 일은 아닐 것이다.

★★★

부록

한국은 1988년 올림픽 경기 이후 세계의 관심을 끄는 주요 경제 선진국 대열에 들어서기 시작했다. 경제의 비약적 발전 덕택으로 삼성, LG, 현대 등 유명 브랜드가 아시아 지역을 휩쓰는 한류 붐과 더불어 지구촌 곳곳에 큰 영향력을 행사한다. 일상생활 깊숙히 한국 문화가 스며들었다. 이와 동시에 한국인도 국제적 시각과 기량을 넓히기 위해 외국행 러시를 이루고 있다. 서울 거리에서 흔히 눈에 띄는 외국어 학원과 유학원 간판, 해마다 두 차례 진행되는 해외유학이나 이민 박람회 등은 한국인들에게 손쉽게 출국할 수 있는 기회와 경로를 소개해주고 있다. 유학은 여러 형태의 외국 생활 중 가장 일반적인 방법이 된다.

한국인이 선호하는 유학 목적지는 여전히 미국, 캐나다, 호주 등 영어권에 속하는 나라로 대부분 이루어져 있으나 최근 몇 년간 중국으로 유학을 가는 학생 숫자도 많이 늘어나고 있는 추세다. 한편 중국의 각 대학들도 외국인 학생을 유치하기 위해 교육 환경 개선, 영어로 강의하는 전공 신설 등에 신경을 쓰고 있다.

인터넷이 발달된 오늘날, 각국의 유학 정보에 대해서 집안에 가만히 앉아 있어도 쉽게 접할 수 있겠으나 실제로 오랜 세월 한국 학생을 관리해온 내 개인 경험에 비추어 볼 때, 중국 현지에서 유학하는 학생들은 여전히 많은 시행착오를 겪고 있다. 그래서 유학을 준비 중인 분이나 유학 중인 분에게 조금이나마 도움이 됐으면 하는 마음에서 이 부록을 준비했다.

한국에서 출국 전 유학 준비 사항

• 비자

외국에 출입할 때에는 그 나라의 비자를 먼저 받아야 된다. 중국 유학을 가게 되면 학생 신분에 맞는 학습비자(X비자)를 신청해야 한다. 대부분 아는 내용이겠지만 여기서 다시 한 번 부연 설명하고자 한다.

신청 학교의 전형에 따라 입학 서류를 기일에 맞추어 제출한다. 요즘에는 대학 진학 나이에 맞춰 유학하는 사람, 어린 자녀의 유학 생활을 돕기 위해 함께하는 엄마, 중년에 직장을 그만 두고 외국에서 제2의 인생을 시작하려는 사람 등 유학 계층이 다양해지고 있다. 물론 60세 내외에 퇴직해 외국 생활을 체험해보려는 분도 있다. 대상자에 따라 요구하는 신청 서류도 다를 수밖에 없다. 고등학교를 막 졸업한 학생이나 대학교 재학생 또는 대학교 졸업생이라면 입학신청서, 졸업증명서, 성적표가 준비해야 할 가장 기본적인 서류가 된다. 어린 자녀와 함께 출국하려는 엄마에게는 중국 대사관에서 공증된 가족관계증명서가 요구된다. 물론 사전에 이런 가족관계의 상황을 몰라서 요구하지 않다가 입학한 후 거류증을 발급할 때 이런 서류를 추가 제출하도록 요구할 수도 있다. 직장 생활을 한 모든 사람들에게는 학력에 관련된 학력 증명 서류 이외에 취업 경력을 증명할 수 있는 직장 관련 증명 서류도 덧붙여야 한다. 개인이 사업을 하는 경우에는 사업자등록증으로 대체해도 된다. 그리고 모든 유학 대상자에게는 건강검진서가 요구된다. 건강한 몸으로 건강한 유학 생활을 하기 위해서는 출국하기 전 반드시 자신의 건강상태를 체크해야 한다. 한국인의 건강상태는 보편적으로 좋은 편이다. 그러나 글로벌 시대에는 특정 지역에서만 발생하는 질병이 인류의 이동에 따라 다른 곳으로 퍼질 가능성에 대해서 어느 누구도 부인할 수 없다. 2002년 중국에서 사스(중증 급성 호흡기 증후군)가 발생했을 때 주변 국가들의 경계심도 최고 수준까지 이르렀으며, 2015년 한국의 메르스 때문에 얼마나 많은 외국 관광객들이 발길을 끊었는지 너무나 잘 알고 있는 사실이다. 현지 중국인뿐만 아니라 이들과 함께 생활해야 하는 외국 유학생들도 보호하는 목적에서 건강검진은 한국에서 받든 중국 입국 후에 받든 반드시 요구된다. 개인적으로 아쉬운 점이 있다면 건강검진은 육체의 건강상태만 진찰할 수 있고 정신적 이상이 있는지는 확인할 수가 없어서 신입생을 맞이할 때마다 마음이 조마조마하다.

학교에서 입학 신청서류를 받아 전형을 마친 후 관련 기관에 비자 허가서의 발급을 신청하는 데 보통 2~3주가 소요된다. 비자 허가서(JW202표)와 입학통지서를 받은 학생은 한국에 있는 중국 대사관 또는 영사관에서 유학비자(X비자)를 발급받아 중국에 입국하면 된다. 6개월 이상의 유학인 경우에는 X1비자, 6개월 미만인 경우에는 X2비자를 발급받게 된다. 여기서 주의해야 할 사항이 있는데, X1비자는 발급한 날로부터 60일 내외의 유효기간이 표기되면서 중국에 입국한 후 30일 이내에 거류증을 발급받아야 한다는 문구가 쓰여 있으니 이를 반드시 기억하고 있어야 한다. 보통 학교에서 JW202표와 입학통지서를 같이 발송하는데 입학 통지서에 등록 날짜와 개강일, 비용 등 여러 안내 사항이 담겨 있다. 한번 예를 들어보자. 모든 유학 수속을 끝내고 출국 준비까지 다 했는데 아직 7월 하순이다(중국의 신학기는 9월이다). 남은 시간을 어떻게 보낼까 궁리하다가 좀 일찍 중국에 가서 여행도 하고 적응도 할 겸 X1비자를 받자마자 학생은 8월 초에 출국했다. 9월이 돼야 개강하니까 학생은 60일 내외의 유효기간이 충분하다고 생각했다. 여기저기 돌아다니면서 즐거운 여행을 마치고 9월 초에 학교에 도착했다. 하지만 학생의 비자는 이미 만료하여 불법체류자가 돼 있었다. 왜냐하면 X1비자를 받아 입국한 후에는 반드시 30일 이내에 거류증으로 바꿔야 합법적으로 체류할 수 있기 때문이다. 60일 유효기간이란 뜻은 한국에서 중국비자를 발급받은 날로부터 60일 이내 이 비자로 중국에 입국할 수 있다는 의미인 것이다.

처음부터 X2비자를 발급받아 입국하는 학생에게는 이런 일이 거의 발생하지 않으나 대신 단수 비자인 줄 모르고 추석 때 한국에 들어왔다가 다시 출국하지 못하게 돼버리는 경우도 있었다. 추석 휴가가 끝났는데 갑자기 학생으로부터

"선생님, 비자 새로 신청하고 있는 중이라서 며칠 결석원을 내겠습니다"라는 국제전화를 받은 적도 있다. 단수비자는 중국 입국 횟수가 한 번으로 표기돼 있는데도 이를 확인하지 않았기 때문에 발생한 사건이다.

• 보험

외국에 나가면 국내 있을 때보다 각종의 질병과 안전사고가 발생했을 때 이에 대한 대처가 쉽지 않다. 따라서 유학생들은 국내에 있을 때보다 더욱더 만반의 준비를 해야 한다고 생각한다. 그렇다면 중국에서는 어떤 준비를 해야 할까? 무슨 보험에 가입해야 할까? 한국 보험에 대해서는 잘 모르지만 일단 도난 사고 등 사고와 질병에 항상 대비할 준비가 돼 있어야 한다.

요사이 젊은이치고 휴대폰 없는 사람은 없을 것이다. 또한 젊을수록 최신 휴대폰에 대한 관심도 많아지고, 생활에 도움을 줄 수 있는 각종의 앱도 휴대폰에 깔아놓는다. 뿐만 아니라 이제는 앱으로 은행 업무를 볼 수 있고 각종 비용 지불도 해결할 수 있어서 휴대폰은 유학 생활 중 없어서는 안 될 중요한 물품이다. 이렇게 중요한 휴대폰, 특히 고가의 휴대폰을 분실하거나 도난당하면 어떻게 하나? 휴대폰 분실 보험은 이에 대한 좋은 대비책이 될 수 있다.

중국에 체류하면서 갑자기 맹장 수술을 받아야 하는 경우, 친구와 장난을 치다가 계단에서 넘어져 발목이 다치는 경우, 농구를 하다가 무릎에 부상을 입는 등 수많은 의외의 사고가 항상 발생할 수 있는 가능성이 있다. 이를 명심하고 이에 대한 대비책으로 사전에 유학 관련 보험에 가입할 것을 권한다.

• 건강검진

앞서 건강검진의 필요성을 설명했는데 건강검진을 아무 병원에서 받아도 될까? 전에 외국에 있는 비자 발급 기관에서 지정한 병원에서 건강검진을 받아야 한다고 얼핏 들었는데 지금도 여전한지는 모르겠다. 그러나 원칙은 중국어로 된 건강검진 증명서를 제출해야 한다. 특히 중국에서 다시 비용을 내서 검사를 받고 싶지 않으려면 모든 건강검진 자료의 원본을 빠뜨림 없이 중국에 입국하면서 가져가야 한다.

• 생활 비품

중국도 경제성장에 따라 상품도 아주 다양해졌다. 한국에서 볼 수 있는 상품이 웬만큼 중국에서도 다 찾아볼 수 있다. 하지만 한국 상품과의 친숙감, 중국 상품과의 거리감 때문에 한국에서 비품을 준비해 오는 경우도 많다.

중국에 유학 오면 음식 때문에 걱정하는 사람이 적지 않다. 실은 전혀 그럴 필요가 없다. 중국은 먹거리가 너무 다양하기 때문이다. 로마에 가면 로마의 법을 따른다는 말이 있듯이 음식을 포함해 새로운 것을 접해보는 경험이 유학의 색다른 기억이 될 것이다.

공항에 한국 학생들 픽업을 가면 박스 채 신라면을 갖고 오는 경우가 많다. 신라면은 중국의 대형마트에 가면 쉽게 살 수 있으며 가격 또한 한국과 별 차이가 없다. 중국과 한국은 최근 밀접한 경제교류를 해오면서 국민 생활의 미세한 부분마저 많은 영향을 주고 있다. 서양 화장품과 달리 한국인이 쓰는 화장품은 같은 아시아 사람 피부 결에 기초한 연구개발과 뛰어난 미용 효과로 중국에서도 많은 인기가 있다. 한번은 비행기를 타고 중국에 입국할 때 짐 가방이 몽땅 화장품으로 차 있어 중국 세관에 걸린 중국 여자를 본 적이 있다. 주변 분들이 하도 많이 부탁해 대신 구입했다고 변명했지만 결국 불량 매매 의도로 적발돼 세금을 낼 수밖에 없었다. 이런 방법 말고 매년 정상적으로 중국에 판매되는 한국 화장품, 전자제품, 식품, 일상용품 등 상품이 매우 많다. 특히 한국과 활발하게 교류하는 지역에 가면 현지에 있는 한국 상품 매점에서 쉽게 필요한 용품을 구입할 수 있다. 하긴 중국 학생도 한국에 유학 갈 때 자신들이 즐겨 먹는 참깨 가루, 두유 가루 등을 챙긴다. 중국에 한국 상점이 많이 생겼듯이 한국에도 이제 중국 식품을 파는 매점도 많이 생겼다. 한국으로 유학 간 학생 중에 중국인이 가장 많다는 사실은 알고 있었으나, 1999년 한국에 첫 유학을 왔던 나로서는 한국에도 중국거리가 있다는 사실에 매우 놀라웠다.

중국 입국 후 유학 필수 준비 사항

• 통신

중국에 가면 가족들과 어떻게 연락해야 하는가 하는 문제가 있다. 이제는 통신 기술의 발달로 컴퓨터 이메일이나 휴대폰이 가장 편리한 방법으로 사용되고 있다. 현지에 계시는 분에게 연락할 때도 역시 휴대폰이 가장 빠르고 편리하다.

중국 휴대폰은 지역별로 번호가 나누어져 있다. 산둥(山東) 휴대폰 번호, 베이징 휴대폰 번호, 상하이 휴대폰 번호는 각각 다르다. 지역이 다르다고 해서 휴대폰을 이용하지 못할 리는 없으나 산둥 지역에서 개통한 휴대폰을 베이징에서 사용할 때에는 산둥 내의 통화료에 지역 간 통화료(중국어로 만유페이漫遊費, man you fei)가 더 붙는다. 바꾸어 말하면 산둥 휴대폰 번호로 베이징에서 통화하면 통화료가 상당히 비싸다. 또한 같은 산둥에서도 옌타이 휴대폰 번호와 웨이하이시 (威海市) 번호가 다르고 도시별로 각기 다른 번호를 부여받는다. 옌타이 휴대폰은 옌타이에서 사용하면 가정 저렴하고, 다른 도시에 가면 전화를 걸 때나 받을 때도 더 비싼 통화료를 지불해야 한다. 다행히 최근에는 받는 전화에 요금을 부과하는 것은 부당하다는 목소리가 높아 수신 전화 요금은 받지 않기로 하는 추세다. 또한 지역 간 장거리 전화 요금도 가격 인하 조절 등과 더불어 로밍비가 폐지되는 단계로까지 나아가고 있다. 그럼 중국 각지를 돌아다니면서 생활하는 사람들은 어떻게 해야 하나? 이둥(移動, yi dong) 통신회사의 경우 선저우싱(神州行, shen zhou xing: 휴대폰 할인 요금제 중의 하나) 휴대폰 번호가 별도로 있어서 이런 사람들에게 맞춤형 서비스를 제공하고 있다.

유학생들은 중국 대학교에 도착해서 기숙사에 짐을 푼 다음 여권을 가지고 이둥 또는 롄퉁(聯通, lian tong) 통신사에 가서 휴대폰을 개통한다. 두 회사의 서비스는 크게 차이는 없다. 기본적으로 현지에서는 그 지역의 휴대폰 번호를 사용하는 것이 알뜰하다는 건의를 드린다. 중국에서 휴대폰을 사용하려면 한국처럼 통신회사와 계약을 해서 매월 일정한 금액을 납부하면서 새 휴대폰을 하나 받는 방식이 있으며, 또는 유심칩(휴대 전화에 사용되는 가입자 식별 모듈 칩) 값만 납부해서 매월 사용 메뉴에 따라 비용을 지출하는 방법도 있다. 휴대폰에 유심칩만 꽂을 수 있으면 개통되기 때문에 한국 휴대폰도 중국에서 이용할 수 있다. 어떤 유학생은 휴대폰 번호가 마음에 들지 않아서 그런지 혹은 과거의 사람들과 단절하려고 해서인지 학기마다 휴대폰 번호를 바꾸기도 한다. 중국에서는 통신수단을 이용한 범죄 등의 단속과 철저한 관리를 위해 최근 실명제를 도입하고 있다. 특히 은행과 관련되는 휴대폰 번호 변경은 앞으로 좀 더 신중하게 고려할 필요성이 있다.

현재 중국에서는 지역 간 통화 시 발생하는 비싼 통화료 때문에 많은 논쟁이 벌어져 장거리 전화 요금제를 취소하자는 목소리가 높아 점차 개선되는 추세다. 그 결과 다행히 베이징과 톈진(天津) 지역에서는 이를 취소했다. 중국 전 지역에서도 점차 완전히 취소되는 단계로 나아가는 긍정적인 추세다.

• 은행

유학을 가면 무엇보다 중요한 일이 금전 관리다. 전자상거래의 발전으로 현찰을 많이 갖고 다니는 사람은 점차 줄어들고 있으며, 은행카드 한 장으로 웬만한 지출을 해결한다. 그러나 노점상에서 무엇을 사거나 먹는 비용을 지출할 때는 꼭 현찰로 해야만 하는 곳도 많다.

　은행 전자거래 시스템은 대부분 차질 없이 잘 돌아가고 있다. 간혹 문제가 생기면 카드를 발급한 나라에서는 신속하게 해결된다. 여기서 카드 발급한 나라라는 의미는 한국에서 만든 카드는 한국에서 발생하는 문제에 대해 신속하게 해결되고, 중국에서 만든 카드는 중국에서 문제 해결이 빠르다. 그럼 한국에서 만든 카드는 중국에서 잘 이용될까? 전문가가 아니라서 100퍼센트 잘 된다고 말할 수는 없겠지만 대부분 잘 진행하고 있다고 말할 수 있다. 그러나 차질이 빚어지는 사례도 있다. 일본에서 만들어 온 카드가 현금인출기에 들어가서 다시 튀어나오지 않을 때, 러시아에서 만들어 온 카드가 전자거래에서 거래 실패로 표기됐으나 정작 돈은 환불되지 않을 때, 한국에서 만들어 온 카드가 구멍가게에서는 사용할 수 없을 때, 영국 학생이 은행카드 분실 후 해결 과정의 까다로움 등이 있었다. 물론 이런 문제는 결국 방법을 찾아 해결되지만 그동안 속이 타는 마음은 커다란 스트레스가 된다. 좀 번거롭지만 용돈 정도는 중국 현지의 은행에서 카드 한 장을 만들어 예금해서 사용하면 어떨까? 중국은행(中國銀行)이나 중국공상은행(中國工商銀行)에서 여권과 휴대폰 번호만 소지하면 외국인도 바로 카드를 만들어 사용할 수 있다. 많은 돈을 예금하는 것도 아니고, 혹시 무슨 문제가 생겨도 제시간에 바로 해결할 수 있으니 무엇보다 마음이 편하다.

• 기숙사

중국어를 전혀 모르거나 간단한 의사소통만 되는 사람은 외국인 학생 기숙사의 이용을 권한다. 본문에서도 말한 내용이지만 중국 학생들과 어울리며 중국어 실력을 좀 더 늘려 보겠다는 생각으로 중국 학생 기숙사를 신청하려는 시도는 신중해야 한다. 몇몇 외국인 유학생의 이러한 시도가 있었지만 2주일도 견디지 못하고 외국인 기숙사로 돌아가버린 경우가 있다. 문화충돌, 생활 습관, 생활환경의 차이가 너무나 컸기 때문이다. 중국 학생 기숙사는 주중, 주말에 따라 10시 또는 11시에 기숙사 문이 닫힌다. 그뿐만 아니라 정해진 시간에 등불이 켜지고 꺼지게 돼 있다. 방안에 에어컨과 냉장고가 없으며, 4인실 방에 단독 화장실이 있지만 샤워는 공중화장실에서 해야 한다. 빨래는 건조기가 아닌 베란다에서 널어 말린다.

이에 반해 외국인 유학생 기숙사는 정해진 시간에 문을 닫지만 전기는 웬만해서는 끊어지지 않는다. 단독 화장실에서 샤워할 수 있으며 에어컨도 설치돼 있다. 물론 비용은 중국 학생 기숙사보다 비싸다. 하지만 상대적으로 편안하다.

• 건강검진

X1비자를 거류증으로 변경할 때 건강검진 증명서는 반드시 제출해야 한다. 한국에서 건강검진을 해서 입국하는 경우 모든 진찰 서류를 중국의 검진 기관에서 인증을 받아 그대로 사용하면 된다. 물론 누락된 검사 사항이 있으면 그 기관에서 추가 검사를 받아야 한다.

관광 또는 다른 비자로 체류하다가 학생비자로 변경해 거류증을 만들 때에도 건강검진 증명서가 요구된다.

이전에는 건강검진에 통과하지 못하는 사례가 별로 없었으나 최근 몇 년간 젊은 나이에도 불구하고 지방간, B형 간염, 심지어 혈액병이 검출되는 일도 일어났다. 공부와 상관없이 건강이 최우선이라는 것을 누구라도 명심해야 한다.

• 보험

중국에는 외국인 학생들만을 위한 전문 보험이 있는데 질병과 사고에 대한 보장은 포함돼 있으나 재물 분실에 대한 보장은 없다. 주의해야 할 사항은 보험금 사기에 대처하기 위해 진찰 병원이 지정돼 있다는 사실이다. 물론 진찰 병원은 현지의 병원이어야 한다. 진찰 받으러 가기 전에 보험회사에 확인하거나 학교 유학생 전담 선생에게 미리 확인을 받아 가는 것이 바람직하다.

• 비자

학교 개강 시기에 맞춰 먼저 X1비자로 입국한 후 거류증으로 변경한 후에는 거류증만 가지고 한국에 편리하게 왔다 갔다 할 수 있다. 한국에서의 외국인 등록증과 같다.

외국에 있으면 합법적인 체류인지 체류 기간이 언제까지인지 항상 확인하면서 거류증 갱신과 연장에 유념해야 한다. 원래 한 학기 학습 계획만 잡았다가 연기 신청을 하지 않고, 두 번째 학기에 불쑥 찾아오는 학생이 있었다. 여권을 확인해보니 방학 때 중국을 떠나지 않았고 거류증 기간에 별로 신경을 쓰지 않아서 체류 기간이 벌써 며칠씩이나 초과했다. 잘 모르면 수시로 전담 선생 또는 선배에게 확인해야 한다. 잔소리처럼 들리겠지만 외국 유학 생활에서 개인의 자율권을 누리는 것도 좋지만 주변 사람과의 정보 교류에도 소홀히 하면 안 된다.

• 자습실

한국 대학에서는 강의는 강의실에서 듣고, 수업이 끝나면 도서관에서 각자 공부한다. 물론 중국도 그렇지만 중국의 강의실은 강의 없을 때 자습실로도 이용된다. 외국인 학생들도 수업이 끝난 후 그 강의실에서 항상 자습실로 이용 가능하다.

중국에 처음 오는 유학생은 어디서 자습해야 할까 여기저기 찾아다닌다. 요즘에는 카페에서 음료 한 잔 시켜놓고 음악을 들으면서 공부하는 젊은 학생들도 꽤 있는데, 캠퍼스에서 조용한 공간을 찾으려는 학생들도 많이 있다. 중국 대학의 도서관에 가면 만원인 경우가 대부분이다. 그러나 강의동마다 입구에 들어서면 전자게시판이 있는데 이곳에는 강의가 없어서 자습실로 이용 가능한 강의실 번호가 실시간으로 나온다.

• 자취 생활

중국어를 어느 정도 구사하는 외국인 학생들은 자취하려는 생각이 자연스럽게 생겨난다. 주의해야 할 점은 기숙사에서 이사 나갈 때 집주인과 계약을 체결했다 해서 끝난 것이 아니라 집주인과 같이 관할 파출소에 가서 주소 등기도 해야 한다. 그것도 이사 간 지 24시간 안에 신고해야지 그렇지 않으면 출입국 관리법을 어기는 것이 된다. 이런 정보는 기숙사에서 퇴실 수속을 하면서 유학생 전담 선생에게서 받을 수 있다. 유학생 업무 초창기에 나도 이런 내용을 모른 상태에서 외국 손님을 모시고 아주 외진 섬에 간 적이 있었는데, 신고를 하지 않고 현지에서 답사하다가 쫓겨나올 뻔한 적도 있었다.

한국에서 임대는 전세와 월세로 나눠져 있지만 중국에서는 전세 개념 없이 월세만 있다. 계약기간도 한국과 달리 최소 1년이 아니고 6개월도 가능하지만 대신 매월 임대료가 좀 비싼 편이다. 임대는 대부분 부동산 중개소를 통해서 진행되기 때문에 어느 정도 안심이 될 것 같지만 그래도 소유권을 갖고 있는 진짜 집주인과 계약을 체결했는지 확인하기 바란다. 집주인과 함께 파출소에 가서 등기하는 여러 이유 중 하나가 바로 이 때문이다.

• 교통편

한국은 산이 많아 자동차가 가장 일반적인 교통편으로 이용되고 있지만, 중국도 자동차 시장이 점차 확대되고 있는 추세다. 한국 유학생은 가족 전체가 중국에서 생활하는 경우 자동차를 몰고 다니는 경우가 많다. 그럼 운전 면허증은 어떻게 해야 하는가? 과거에도 불법 운전을 철저하게 단속했으며 현재에도 엄격한 교통법을 시행해 도시 곳곳에 CCTV가 설치돼 있다. 한국 자동차 운전면허증이 있다면 중국에서 다시 운전면허 필기시험에 합격해서 인증을 받아야 중국에서 운전할 수 있다.

자동차가 아니고 오토바이를 몰고 다니는 사람들도 있다. 어느 대학교에 다니던 한국 유학생이 오토바이를 타다가 교통경찰에 잡혔다. 운전면허증 없이 운전했기 때문이다. 오토바이라도 운전면허증이 없으면 몰지 못하는 것은 한국에서도 상식인데 중국에서 왜 이런 일이 벌어졌을까? 첫째로 주변에 면허증이 없어도 아무런 문제없이 오토바이를 타는 사람들을 보고 자신도 똑같이 하다가 적발됐을 수도 있다. 또다른 이유로는 중국에는 면허증이 있어야 하는 오토바이와 없어도 운전 가능한 오토바이가 있는데, 그 학생은 아마도 이를 잘 인식하지 못해서 실수했을 수도 있다. 중국에는 속도가 그다지 빠르지 않은 전기 오토바이가 있는데 이런 오토바이는 운전 면허증이 없어도 된다.

운전면허증이 불필요한 오토바이로 알고 구입했는데 나중에 알고 보니 운전면허증이 필요한 오토바이를 산 학생도 있었다. 오토바이를 구입할 때 가게 주인에게 확인하지 말고 (이것조차 모르는 가게 주인도 있으니까) 유학생 전담 선생의 도움을 받거나 인터넷 검색을 통해 정확히 확인한 다음에 구입하는 것이 안전하다. 중국에는 오토바이 운전 자체를 단속하는 도시도 200개 가까이 되므로 그런 도시를 사전에 알아보고 오토바이 운전 가능 여부를 확인해야 한다.

실은 건강 유지에도 도움이 되고 아무나 쉽게 이용할 수 있는 교통편이 자전거다. 다만, 관리를 잘해야 된다. 왜냐하면 도난 사고가 종종 발생하기 때문이다.

- 기타

 아빠는 한국에 있고 엄마가 자녀와 같이 중국에 유학 오는 경우도 많아지고 있다. 이들 엄마 학생으로부터 자녀를 어디로 보내면 좋을까라는 질문을 자주 받는다. 한국에서는 어린 아이는 어린이집에, 다섯 살 이상이면 유치원에 보내는데 중국은 세 살부터 여섯 살까지 다 유치원에서 지낸다. 자녀가 중국어를 전혀 못하는 상태에서 중국의 초등학교에 보내도 되겠지만 중학교 이상 나이에 중국어 교육을 시키다가 학교에 보내는 것이 더 좋다는 것이 내 개인적인 생각이다. 자녀가 중국 생활에 도저히 적응이 안 된다면 과감하게 귀국시키는 것도 고려해야 한다. 현지 학교에서 다른 학생들과 융화가 되지 않아서 스트레스만 쌓이다 우울증에 걸리면 더 큰 문제가 되기 때문이다.

프랑스엔 〈크세주〉, 일본엔 〈이와나미 문고〉, 한국에는 〈살림지식총서〉가 있습니다.

중국의 한국 유학생들

펴낸날	초판 1쇄 2018년 3월 8일

지은이	왕링원·장범성
펴낸이	심만수
펴낸곳	(주)살림출판사
출판등록	1989년 11월 1일 제9-210호

주소	경기도 파주시 광인사길 30
전화	031-955-1350 팩스 031-624-1356
홈페이지	http://www.sallimbooks.com
이메일	book@sallimbooks.com

ISBN	978-89-522-3912-9 04080
	978-89-522-0096-9 04080 (세트)

※ 값은 뒤표지에 있습니다.
※ 잘못 만들어진 책은 구입하신 서점에서 바꾸어 드립니다.

이 도서의 국립중앙도서관 출판시도서목록(CIP)은 서지정보유통지원시스템 홈페이지
(http://seoji.nl.go.kr)와 국가자료공동목록시스템(http://www.nl.go.kr/kolisnet)에서
이용하실 수 있습니다.(CIP제어번호: CIP2018006712)

책임편집·교정교열 김건희

089 커피 이야기

eBook

김성윤(조선일보 기자)

커피는 일상을 영위하는 데 꼭 필요한 현대인의 생필품이 되어 버렸다. 중독성 있는 향, 마실수록 감미로운 쓴맛, 각성효과, 마음의 평화까지 제공하는 커피. 이 책에서 저자는 커피의 발견에 얽힌 이야기를 통해 그 기원을 설명한다. 커피의 문화사뿐만 아니라 커피에 대한 일반적인 정보 및 오해에 대해서도 쉽고 재미있게 소개한다.

021 색채의 상징, 색채의 심리

박영수(테마역사문화연구원 원장)

색채의 상징을 과학적으로 설명한 책. 색채의 이면에 숨어 있는 과학적 원리를 깨우쳐 주고 색채가 인간의 심리에 어떤 작용을 하는지를 여러 가지 분야의 사례를 통해 설명한다. 저자는 색에는 나름대로의 독특한 상징이 숨어 있으며, 성격에 따라 선호하는 색채도 다르다고 말한다.

001 미국의 좌파와 우파

eBook

이주영(건국대 사학과 명예교수)

진보와 보수 세력의 변천사를 통해 미국의 정치와 사회 그리고 문화가 어떻게 형성되고 변해왔는지를 추적한 책. 건국 초기의 자유방임주의가 경제위기의 상황에서 진보-좌파 세력의 득세로 이어진 과정, 민주당과 공화당의 대립과 갈등, '제2의 미국혁명'으로 일컬어지는 극우파의 성장 배경 등이 자연스럽게 서술된다.

002 미국의 정체성 10가지 코드로 미국을 말하다

eBook

김형인(한국외대 연구교수)

개인주의, 자유의 예찬, 평등주의, 법치주의, 다문화주의, 청교도 정신, 개척 정신, 실용주의, 과학·기술에 대한 신뢰, 미래지향성과 직설적 표현 등 10가지 코드를 통해 미국인의 정체성과 신념을 추적한 책. 미국인의 가치관과 정신이 어떠한 과정을 통해서 형성되고 변천되어 왔는지를 보여 준다.

058 중국의 문화코드

강진석(한국외대 연구교수)

중국의 핵심적인 문화코드를 통해 중국인의 과거와 현재, 문명의 형성 배경과 다양한 문화 양상을 조명한 책. 이 책은 중국인의 대표적인 기질이 어떠한 역사적 맥락에서 형성되었는지 주목한다. 또한, 구체적이고 실제적인 여러 사물과 사례를 중심으로 중국인의 사유방식에 대해 설명해 주고 있다.

057 중국의 정체성 `eBook`

강준영(한국외대 중국어과 교수)

중국, 중국인을 우리는 과연 어떻게 이해해야 하나? 우리 겨레의 역사와 직 · 간접적으로 끊임없이 영향을 주고받은 중국, 그러면서도 아직까지 그들의 속내를 자신 있게 말할 수 없는, 한편으로는 신비스럽고, 한편으로는 종잡을 수 없는 중국인에 대한 정체성을 명쾌하게 정리한 책.

015 오리엔탈리즘의 역사 `eBook`

정진농(부산대 영문과 교수)

동양인에 대한 서양인의 오만한 사고와 의식에 준엄한 항의를 했던 에드워드 사이드의 오리엔탈리즘. 이 책은 에드워드 사이드의 이론 해설에 머무르지 않고 진정한 오리엔탈리즘의 출발점과 그 과정, 그리고 현재와 미래의 조망까지 아우른다. 또한 오리엔탈리즘이 사이드가 발굴해 낸 새로운 개념이 결코 아님을 역설한다.

186 일본의 정체성 `eBook`

김필동(세명대 일어일문학과 교수)

일본인의 의식세계와 오늘의 일본을 만든 정신과 문화 등을 소개한 책. 일본인을 지배하는 이데올로기는 무엇이고 어떤 특징을 가지는지, 일본을 주목해야 하는 이유는 무엇인지 등이 서술된다. 일본인 행동양식의 특징과 토착적인 사상, 일본사회의 문화적 전통의 실체에 대한 분석을 통해 일본의 정체성을 체계적으로 살펴보고 있다.

261 노블레스 오블리주 세상을 비추는 기부의 역사

예종석(한양대 경영학과 교수)

프랑스어로 '높은 사회적 신분에 상응하는 도덕적 의무'를 뜻하는 노블레스 오블리주. 고대 그리스부터 현대까지 이어지고 있는 노블레스 오블리주의 역사 및 미국과 우리나라의 기부 문화를 살펴보고, 새로운 시대정신으로 노블레스 오블리주를 부활시킬 수 있는 가능성을 모색해 본다.

396 치명적인 금융위기, 왜 유독 대한민국인가 eBook

오형규(한국경제신문 논설위원)

이 책은 전 세계적인 금융 리스크의 증가 현상을 살펴보는 동시에 유달리 위기에 취약한 대한민국 경제의 문제를 진단한다. 금융안전망 구축 방안과 같은 실용적인 경제정책에서부터 개개인이 기억해야 할 대비법까지 제시해 주는 이 책을 통해 현대사회의 뉴노멀이 되어 버린 금융위기에서 살아남는 방법을 확인해 보자.

400 불안사회 대한민국, 복지가 해답인가 eBook

신광영(중앙대 사회학과 교수)

대한민국 사회의 미래를 위해서 복지는 선택이 아니라 필수라고 말하는 책. 이를 위해 경제 위기, 사회해체, 저출산 고령화, 공동체 붕괴 등 불안사회 대한민국이 안고 있는 수많은 리스크를 진단한다. 저자는 사회적 위험에 대응하기 위한 복지 제도야말로 국민 모두의 삶의 질을 높일 수 있는 길이라는 것을 역설한다.

380 기후변화 이야기 eBook

이유진(녹색연합 기후에너지 정책위원)

이 책은 기후변화라는 위기의 시대를 살면서 우리가 알아야 할 기본지식을 소개한다. 저자는 기후변화와 관련된 핵심 쟁점들을 모두 정리하는 동시에 우리가 행동해야 할 실천적인 대안을 제시한다. 이를 통해 독자들은 기후변화 시대를 사는 우리가 무엇을 해야 할 것인지에 대하여 생각해 볼 수 있을 것이다.

eBook 표시가 되어있는 도서는 전자책으로 구매가 가능합니다.

㈜살림출판사
www.sallimbooks.com
주소 경기도 파주시 문발로 522-1 | 전화 031-955-1350 | 팩스 031-955-1355